何仲柯 著 杨爱程 编

教养儿女的秘诀

Biblical Secrets in Good Parenting

上海三联书店

天才何价

父亲在家庭中的角色

父亲形象对于儿女的重要性

家，谁来建立

男人要看守神言

教导儿女人生的计划及标准

如何提高孩子对学习的兴趣

与孩子们分担困难……

教养儿女的秘诀

父亲版 Biblical Secrets in Good Parenting
Father's Edition

何仲柯(Dr.William Ho)／著
杨爱程(Dr.Victor A.Yang)／编

智慧之子，使父亲欢乐；
愚昧之子，叫母亲担忧。

　　　　——箴言 10:1

目录

目
录

005

编者序

当我编辑完了苏绯云博士的《教养儿女的秘诀》书稿（2004年4月）后，我曾在"编者序"中写道：苏博士是一位教养儿女的"能手"，她和夫婿何仲柯医生一道，把自己的4个孩子都培养成了聪敏好学，爱主爱人的有用之材。这方面的事，读者诸君可从她自己的见证中看到。她告诉我们，教养儿女是有秘诀的，而这秘诀就在圣经里面。她之所以成为一位教养儿女的"能手"，就因为她能下功夫去认识隐藏在圣经中的秘诀，并把它用在教养儿女的实践当中。

苏绯云博士的《教养儿女的秘诀》一书自出版以来，受到世界各地的许多主内弟兄姊妹的欢迎，已经多次重印，发行过万册，中文简体字版也于2010年由上海三联书店出版发行。感谢天父如此重用苏绯云博士的著作，让众多的父母从中学到了教养儿女的秘诀——上帝在圣经中所启示的教育原则和方法。

当我们说苏绯云博士是一位教养儿女的"能手"时，并不表示她的丈夫何仲柯医生在教养他们的4个儿女中只是个旁观者。事实上，他们夫妻二人在教养儿童上，正如他们

多年来在事奉神的各项工作中一样,是亲密无间、同心合一的同工,最好的团队组合,用大白话讲就是天下无双的"夫妻档"。当2004年苏绯云博士的《教养儿女的秘诀》结集成书以后,我和他们二位商定,转由苏绯云博士主笔加拿大《真理报》的"科学·圣经·人生"专栏,而由何仲柯医生来写原本由苏博士主笔的"教养儿女"专栏,目的便是让读者从这位有根有基,并有着丰富经验的父亲的眼光,了解圣经中有关教养儿女的真理。经过5、6年的时间,何医生在这个专栏上发表的文字已足够编成一本合集了。

我们不如把苏绯云博士的那本合集看成是全套书的"上集",或者叫《教养儿女的秘诀》(母亲版),而把何医生的文集称为"下集",即《教养儿女的秘诀》(父亲版)。这样,我们便可更清楚地了解这对爱主的夫妇从各自的职分和视角上,对同一件事工——教养儿女,从同一个真理源头——神的话语,所领受的原则与方法,既有高度的内在一致性,又带有鲜明的独特性,为我们展现了一个在教养儿女上夫妇各司其职,发挥各自个性及性别特色,既有同一目标,又有不同侧重,相互配合,相得益彰的好榜样。所以,只读"母亲版",不读"父亲版",就不能完整全面地了解他们二人相互配搭、合作的美好图景。

在如今这个资讯传播迅速,交通便捷,各种文化互相交织融合的时代,很多作父母的只把眼光放在各种不同文化表面的优劣上,处心积虑地想让下一代得到所谓"最先进"的文化教育,却往往在不知不觉间把他们引入了迷途。正如何仲柯医生在本书第36章"文化冲击，怎么办?"中所指出的：

"保罗在罗马书中又说，'不要效法这个世界，只要心意更新而变化，叫你们察验何为神的善良、纯全、可喜悦的旨意'(罗马书12：2)。父母亲有可能教导孩子'无可指摘，诚实无伪，在这弯曲悖谬的世代，作神无瑕疵的儿女。你们显在这世代中，好像明光照耀，将生命的道表明出来'(腓立比书2：15～16)。秘诀是他们需要'心意更新而变化'。这是个潜移默化的过程，需要从小建立一个与世俗不同的心志，把神的圣经文化先放进心里，从此就可以不变应万变，有分辨的能力，可以采纳各种文化的优点，拒绝它们的弱点。可以洁身自爱，出淤泥而不染，也可以充分地掌握各种文化的优点和机会，正如上面的经文所说的，'显在这世代中，好像明光照耀，将生命的道表明出来。'正是可以告诉众人，这样活才是活得好。"

文化上的所谓先进与落后，优与劣，只有暂时的、相对的意义，而圣经所启示的永恒真理才是立定在天、历久常新的。用圣经真理与合神心意的原则和方法教养儿女，才能够让他们终身受益，永远立于不败之境。何仲柯医生和苏绯云博士已经把他们长期的研究所得，并经亲身实行过的原则和方法总结出来，又阐释明白，相信一定能成为许多作父母或祖父母的帮助和祝福。

何仲柯医生和苏绯云博士都是为主四处奔走的神国里的义工，在繁忙的布道行程的"夹缝中"，还按时为《真理报》

写稿,10多年来从未有间断,我自己十分敬佩他们对主的忠心和殷勤服侍主的恒心,也常常在为他们的事工代祷中感谢神。也希望读者诸君和我一道为他们祷告,愿神继续保守带领他们的事奉之路,并继续大大地使用他们讲道和写作的恩赐。

杨爱程
《真理报》总编辑暨本书编辑
2010 年 9 月

前　言

天才何价?

　　望子成龙,望女成凤,无疑是一般正常父母的心愿。但是这要付上什么样的代价? 父母亲需要付上代价,自是不言自明。我曾经见到多少的父母,自己并非有高等的教育水准,做的是操劳的蓝领工作,含辛茹苦,就是希望儿女们有一天可以出人头地。我们应该向这样的父母亲们敬礼! 只是我们常常忘记,在这功利主义的现代世界,必需成功的心态,也给孩子们无比的压力。所以,现在 8 岁的孩子,也可能因为成绩不如以前,而跳楼自杀!

　　我的大儿子 13 岁大学毕业时,有些人的"恭贺"似乎是告诫我:"要小心,天才是短命的!"虽然我们对这样的话,只是说声谢谢,一笑置之,但是这话也不是没有原因的。一般人的观念,都是认为天才必定是怪人,孤独怪癖。我大儿子在大学时期,我就曾在报上读到一位 16 岁的小天才,和我儿子相似,他也是学电脑的,在密歇根大学,并且将要毕业。他的父亲为他搬了家,也换了工作,让这儿子可以在该校就

学。谁知儿子就在即将毕业那一年，放弃一切，躲了起来。有位侦探，好不容易把他找回来。谁知有一天侦探接到孩子的电话说，"我受不了啦!"等侦探赶到时，孩子已经开枪自杀了。或许他和一位聪明绝顶的人有同感也说不定，那就是旧约圣经的所罗门王，他说，"因为多有智慧，就多有愁烦;加增知识的，就加增忧伤"(传道书 1:18)。

另外一个例子，却是我亲自认识的。那优秀的年青人进医学院时，是我帮他体检的，不过在实习的时候，却不是我做他的辅导。当我听见他在快毕业那一年，因为无法面对处理病人的压力，竟然在医院跳楼自杀时，我真是后悔在他感受压力时，没能有机会和他交谈，开解他一下!

尽情发挥，好不好?

使一个孩子郁郁不得志，不能学习适合他程度的科目，是叫这孩子不高兴的一个大原因。我的大儿子，在我们还没有帮他找到出路时，就是如此。那时，他每天下课回来，总要自己看书 2 小时，才要和人说话，反映出他那时内心的苦闷。这种孩子有可能长大后有严重的自卑感，缺乏成就感，甚至愤世嫉俗，与人格格不入。反过来说，只叫一个孩子拼命读书，越早进大学越好，这孩子可能受不了那种压力，心理上也可能崩溃。我大儿子刚进大学时，中国科学技术大学的人员，曾到美国访问我们，回到安徽合肥后就正式开办了中科大的少年班，当地政府还给这些孩子和他们的家庭不少的特权。前些年也出现一些这样的少年班的学生，其中自然有一些是相当有成就的了。但是今年我惊讶地发现，这个少年班，以及中国其他的一些少年班，很多都停办了。原因是孩子们心理的不平衡。这种少年班也真是难做。

活得快乐

人生成功的一个很简单的要求，就是活得快乐。活得不开心，不单孩子们觉得无趣，连大人都会觉得有问题。我们孩子小的时候，他们从学校放学回家时，我们的第一句话，不是问功课，或是问成绩，乃是问他们当天在学校是否高兴。有不高兴就要了解一下，到底发生了什么事，并且帮助他们去解决。如果是高兴的话，也可以听听他的乐事或奇遇，和他一起高兴一下。这种和孩子的交流，是自然的，沟通性的，帮助性的，同情性的，是为了让孩子知道，无论他们在外面遇到什么问题和挑战，父母亲总是随时愿意去了解和帮助的。

有人在一个公开的讲座里，问我们的孩子们，他们在家里感到最享受的是什么？他们异口同声地回答说：活得快乐。就算是在失败时，我们也可以轻松温柔地和他们讨论。圣经说，"温良的舌，是生命树；乖谬的嘴，使人心碎"（箴言15：4）。又说，"良言如同蜂房，使心觉甘甜，使骨得医治"（箴言 16：24）。又说，"人心忧虑，屈而不伸；一句良言，使心欢乐"（箴言 12：25）。

其实，中国古语都说，"天生我才必有用"。圣经也说，

"各人要照所得的恩赐彼此服侍，作神百般恩赐的好管家"（彼得前书4：10）。每一个人的天分，如果发挥得合适，这人不仅有满足感，也活得轻松愉快，容易亲近。这样的天才，正是无价之宝，自己快乐，周围的人也快乐，父母亲更加快乐。正如圣经又说，"智慧之子，使父亲欢乐；愚昧之子，叫母亲担忧"（箴言10：1）。

何仲柯

何仲柯医生家庭照片选登

■ 何仲柯医生和妻子苏绯云博士

■ 加拿大安大略省尼亚加拉大瀑布
（2008 年 6 月）

■ 加拿大卑诗省 Yoho 国家公园
（2006 年 6 月）

何仲柯医生 家 庭照片选登

■ 为 Elise 开生日会:从左至右为何医生、苏博士、Elise(前)、允信(后)、Jacob(怀抱中)、允爱、Benjamin(怀抱中)

■ 三代同堂全家福(2011 年)

第 1 章

男人在家庭**的**角色之一

什么是正常？

在今天的社会里，由于工作环境不断地变动，直接或间接地会影响到家庭关系和个人的角色。从文化的角度来说，无论中外，都好像是男在外、女在内的观念。难道男人对家庭的责任，就只是承担生育和供养吗？其实在古代，有不少男人都是在家里工作，因此他所提供的男性形象，无论好坏，对一个家庭来说都是至关重要。

现代社会的矛盾

现代社会的发展，常常使男人在家庭中的角色，不断地淡化。有时是因为工作的原因，夫妻二人天各一方。我曾见过一对夫妻结婚 9 年，每年只有 2 周可以见面，连妻子生产他们唯一的儿子时，丈夫都只回来 2 周。他的理由是：需要继续工作来支付妻子生产的费用。原来这位丈夫自己的父母，对他和他的弟弟也是如此，孩子一生下来就送给爷爷奶奶照看，到了 7、8 岁才和父母同住，和父母的关系自然是一蹋糊涂。如今他们自己的婚姻生活也面临破裂，却还不知道问题出在哪里。

有些父亲说，我很爱孩子，最好是尽量多赚钱给他们。

却不曾想到，多少兄弟姐妹，闹到翻脸，终生成为仇敌一般，正是因为争夺家产。世纪之交时，香港一位极有名的粤剧明星，就真是在临终之际被家人活生生地气死。人都还没咽气，他的儿女就和他的妻子开始争家产，还要到媒体去揭露家丑。我起初以为那是继母，后来才发现，竟然是生母。真是不可思议。

有些男人则是，在家等于不在。在科技发达的今天，确实有不少男人又恢复到在家工作。这种男人，特别是在电脑界的高科技人员，他们连开会都可以通过电脑或电话，公司也很少去。这原是个大好机会，叫他可以参与家庭的维护，儿女的教养和爱的沟通与建立。只可惜他虽然人常在家，心却只在电脑上。最可叹的是，有些男人在家的时间本来已经不多，而他在家的时候，却也是埋头在电脑和电视里，即使连那一点时间，也是等于不在！

还有一些是采取了大男人主义的心态，家事一点不帮忙，还要别人服侍他，作决定的时候更是绝对要听他的话。如果是他赚来家庭主要的收入，则动不动就说，钱是他赚的，所以一切他拿主意。如果妻子也有差不多的收入，又强调说他是一家之主。要不然就来势汹汹地强词夺理，甚至诉诸武力。我曾经遇到一位年青人告诉我，父亲不仅不干活，母亲辛苦开个小吃店，回家还要挨打。这父亲竟然抓住妻子的头发，将她的头猛撞到墙上！最后是这个16岁的儿子，无法忍受母亲所受的委屈，挺而上前救母，把父亲赶出家门。

女权运动下的男人角色

常言道，物极必反。我们要承认，自有人类历史以来，无论古今中外，社会对女人的歧视，都是无可否认的。现代社会虽然对这种不平等，有不断地改善，但是相差的距离还是不少。可惜在一般女权运动的口号下，男人在家庭的角色，又有了不同的另一种极端。其中一种极端是强调男人的女性化，美其名曰"关怀性"。其实，这是否认男人也可以很温柔。家庭的事，不一定是女人才可以做，男人也可以做。进一步来说，这是轻看了温柔护家的男人。其实，温柔的男人不一定是娘娘腔的。一个温柔的健力士，可以给他的妻儿带来一份温馨的安全感。如果因为经济上的需要，两口子都必需在外面干活，那么两人就要尽量安排好工作时间，轮流照看孩子，回到家后一同做家务，这没有什么不对。

这种把男人女性化的观念，除了需要纠正上述的偏见之外，同时也带来了如今在各种媒体上常见的一种意识，就是男人同性的家庭。影视上还常有鼓吹这样的家庭，有时看起来还比一般的家庭更温馨！这样的观念是否正常？到底什么是正常？

另一方面的极端是强调女人也要男性化。所以在这种竞争的工作社会里，女人如果安居家里，理家相夫教子，就有可能被认为是没用。我家 4 个孩子小的时候，都是我的妻子自己照料。自然，特别是在他们小的时候，我回家时也一同看顾。我非常肯定，若不是我妻子当时作了全职妈妈的决定，我的 4 位所谓天才儿童，一定是不堪设想的。当我们被邀请作家庭教育讲座时，还是经常有人会问，我的妻子拿了一个博士学位，却坐在家里不出去做事，岂不是很可惜？我们的回答是：她正是有一份一天 24 小时的工作！

这种女人男性化的极端看法，今天甚至成为某些女人同性家庭的借口。其实，两个女人在一个家庭里，肯定不能代替男人在家庭的角色。我曾经见到一个 8 岁的女孩子，经常需要作心理辅导。她的家庭最大的问题是：她的母亲和"父亲"都是女人！辅导她的心理学家感觉就像在打一场败仗，对这个孩子的辅导，也只能是表面上的呵护。

何去何从？

这些不同的观念，到底应该如何看待？我们的理解逻辑是这样：正如一台机器，既然有生产它的工厂，发动使用就需要按照工厂的说明书，不然就会错误操作，出现不正常的状况。如果有任何的故障，只能后果自负。这问题不单在乎对机器本身有损害，也在乎机器的功能不能完全发挥出来。男人在家庭里，正常的角色应该如何，还要看男人是从哪里来。或者是说，人从哪里来。如果人是从猿猴，甚至说是从单细胞生物进化而来，那么男人在家庭的角色，就该依照进化论基本原则来定义，自然也该从所谓比较简单的生物之关系来学习了。所以，某大学的校刊会说，现代家庭的生态起源于一些猴子在彼此抓跳蚤。难怪这种心理学家会鼓励孩子尽情地摔东西，被同学打一定要反击，似乎弱肉

强食是天经地义的,甚至对父母亲也要采取怀疑的态度。同时,混乱的性关系在动物世界里比比皆是,但用之于人类就会产生各样的家庭悲剧。

有些人更进一步,把人类的家庭生活与鱼类相提并论。那就更可怕了。我们知道,有些鱼类的雄性,会吃掉它们的幼鱼。不过雌鱼却是一次会生下一大堆,即使任凭雄鱼吞吃,还是够留下鱼种。最近我见到有些提倡进化论的刊物,大事鼓励女人按照进化论观念,找配偶时应该多找几个,特别是那些精力充足,身体强壮,又会赚钱,可以供养自己一生的男人。这也是一般女人的愿望,可是这种女人要先卖身给多少男人作为代价? 对男人来说,他们也有建议,就是要和好多女人发生关系,才能找到一个会多生育的配偶。这样的男人不知道要生下多少个私生子,才能正式结婚! 此等荒唐的想法,正是把人视作禽兽。

基督徒的圣经开卷所介绍的,是一位独一的创造主。祂所告诉我们的创造原则和古代世界的历史,在地上的证据是明明可知、无可推诿的。圣经中的创造主明示,人类不是从动物进化而来的,乃是创造主"照着自己的形像造人,乃是照着祂的形像造男造女"(创世记 1:27)。神又说,"我们要照着我们的形像,按着我们的样式造人"(创世记 1:26)。又说,"人算什么,你竟顾念他? 世人算什么,你竟眷顾他? 你叫他比天使微小一点,并赐他荣耀尊贵为冠冕。你派他管理你手所造的,使万物,就是一切的牛羊、田野的兽、空中的鸟、海里的鱼,凡经行海道的,都服在他的脚下"(诗篇 8:4~8)。

圣经强调人类是被造的，又有创造主所赋予的形像（那就是价值）和样式（那就是尊严）。所以也有创造主所设立的权柄、义务、身份和角色。家庭既然也是创造主为人类所设立的，男人在家庭里自然也有一定的角色。这是男人应有的正常角色。

男人何价？

一个男人如果没有肯定自己的形像，他不仅会把自己作践了，一生无所事事，没有满足感，郁郁寡欢，他更会把别人也作践了。最有可能的，就是自己家里的人。我曾经见过一个男人，一辈子没有干过什么好事，就是靠妻子养家。妻子回家还得料理家务。他对儿子也十分苛刻，动辄就骂他没出息，不中用，不会读书，将来只有让老婆养活。这人正是在骂自己。他对自己不满意，最自然的就是把不满投射在最亲近的人身上。很可惜的是，这包袱常常会一代接一代地传递下去，儿子从此也有可能形成一个自卑的心理，一辈子不快乐。

我有价值

我们上文讨论过，现代流行的进化论对人的看法，不仅把个人贬值，而且把人际关系变成一种你死我活的斗争，正所谓适者生存，弱肉强食，牺牲别人，为要保存自己。爱，肯定是进化论者很难解释的一件事。所谓"自我牺牲的基因"在这适者生存的口号下，如何能传给下一代？这种看法，美

其名曰高举人类的尊严，人类可以自创前途，甚至自相矛盾地认为，人类可以控制自己的进化，把比较不进化的民族消灭掉。（进化论的基本原则，原是没有设计，一切全靠偶合机运发生。）其实这种看法，是把人类视如禽兽，这正是今日把人作践的重大原因。

圣经却不是这样说。圣经一开卷，提到创造主造人时说，"神说，我们要照着我们的形像，按着我们的样式造人"（创世记1：26），又说，"神就照着自己的形像造人，乃是照着祂的形像造男造女"（创世记1：27）。"形像"一词原文的意思乃是"副本"。原来人类和动物有天渊之别。有关动物的被造，圣经说，"神说，地要生出活物来，各从其类；牲畜、昆虫、野兽，各从其类。事就这样成了"（创世记1：24）。人类原来带着创造主的内涵。祂是创造主，我们人类也有创造性，这是动物所没有的。动物天生的技能，无论多么叫人惊叹，还是一成不变的。单看蜜蜂的巢，各地方各种各样的蜜蜂，都有它特别的筑巢样式。虽然基本建造方法大同小异，因为都是同类（圣经的生命原则是"各从其类"），但是一看外形，专家就可以断定这蜜蜂是从哪里来的。对于人类，虽然各民族各地方，有其不同的文化特点，但是如果经过化装，改头换面一番，也可以冒充另外一个种族。我们若要提到各种的文化成就，诸如科学、哲学、宗教、音乐、艺术、建筑、文学等等，从中所体现的人类的创造性，这哪里是最聪明的猴子可以比拟的呢？

所以每一个人，都有他天赋的价值，没有一个人是无用的。古语也说，"天生我才必有用"。这是创造主所赋予他的，谁也不能否认。可惜不少人从他自幼成长的环境中，得到了一个错误的形像，所以一辈子不开心，认为自己怀才不遇，严重自卑，缺少成就感，终生郁郁不得志。或者反之，自高自大，不可一世，目空一切，大男人主义。这种错误的形像，第一个促成的因素，是他的父母亲。好多时候，可能是由于父母当时的心境，也可能是他们的期望或者失望。有时是父母的爱莫能助，比如在兵荒马乱的年代，父母自身都难保，孩子们能够活命，已经算不错了。自我价值和才干没有机会实现，便被埋没了。所以有些宗教，会有宿命的论调。并且主张认命，今生绝望地受罪，只能寄望来生，或者可以轮回成好一点的生命，却不一定是一个人！这种消极的人生态度，叫人不仅自己不会真正享受人生，也捆绑了他周围的人。因为无论如何，他心里知道，自己是有自身独特价值的。换句话说，虽然今生有苦难是个不可避免的事实，但人生还是可以过得更好一些的。

圣经告诉我们，起初神创造万物，包括人，是完全的。是人类自己选择不要创造主，要自作主张，从此死亡和败坏就进入了世界，人生不再是理想的了。罪的意思就是达不到标准，不理想。人类再也不能尽情地发挥自己的本能了。这本能，需要了解，也需要发挥。不了解，则把自己埋没了，一生自卑；没有发挥，则终日不满现实，怨天尤人。认识了自己的天分，无论环境或机会如何，对自己儿女的自我认知，总会有一些启发的。

第 2 章

男人在家庭 的 角色之二

肯定自我

一辆车子，到底应该去推泥，还是应该在赛车场上奔驰，必需看它的设计是做什么用途的。也就是说，工人制造它是用来作为一辆推泥车还是一辆跑车，不然，用错了地方，不但不能成事，而且还会误事。很自然的，我们应该先看那车子的说明书，到底工厂制造它是用作什么，这才合乎逻辑。其次，在肯定了这车子的用途之后，又要正确使用它，看它是否名符其实。如何正确使用，就要细读说明书，按部就班地使用和发动。同样地，既然我们是创造主上帝所造的，祂也给了我们一本让我们个人发动起来的说明书，那就是圣经。

圣经说，"我凭着所赐我的恩，对你们各人说，不要看自己过于所当看的，要照着神所分给各人信心的大小，看得合乎中道"（罗马书 12：3）。第一，要有健全的自我形象，我们先要接纳自己，不再怨天尤人。保罗在这里说，"我凭着所赐我的恩"。我们对自我肯定的凭据是神所给我们的一切。如果是神给的，我就要承认这是好的，并且也可以好好地发挥。这包括自我的一切：性别、种族、父母、家庭、国家、地区、身量、个性、才干、感性或理性、科学头脑、哲学头脑、文

科理科、生意细胞、外向内向、急性慢性、思想形态,以及后天的遭遇、环境和条件,甚至病痛意外等等。有些事情,肯定有人为的因素,或是自己搞出来的,或是别人造成的,归根到底,我们承认是有神的许可的。但是终日活在不满或者苦毒里面,难道会叫自己活得更高兴满足吗?正如先知以西结和神的对话,"他对我说,人子啊,这些骸骨能复活吗?我说,主耶和华啊,你是知道的"(以西结书 37:3)。以西结面对一个不可能的情况,他不自作聪明,他只承认神是知道的。接着又说,"他又对我说,你向这些骸骨发预言,说,枯干的骸骨啊,要听耶和华的话"(以西结书 37:4)。神既然是创造主,祂的话就带着权柄。祂告诉我们,我们的人生可以更好,那就必定发生。

第二,保罗又说,这是神所赐的恩。如果是恩典,那就必定是好的。要肯定自我,我们必需认同,我所有的,既然是从神得到的,就是好的。我看不好,别人看可能也不好,但是我们总要承认那是好的,秘诀在乎是从谁的观点来看。圣经告诉我们,要从神的角度来看。今天好多人看自己,或是把自己看得太低,或是看得太高。我们前面讨论过,人是神的形像,形像就是副本的意思,所以人非禽兽。每一个人都有价值,是不可抹煞的。但是既然是副本,那就不是神,不是万能的,而且也有失败软弱的可能。这样,我们应该中肯地看待自己。圣经说,"看得合乎中道"。"合乎中道"原文是"有智慧",英文翻成"soberly",意即"头脑清醒"。

"耶和华说,我的意念非同你们的意念,我的道路非同你们的道路。天怎样高过地，照样，我的道路高过你们的道路，我的意念高过你们的意念"（以赛亚书 55：8～9）。中国俗语也有说，"当局者迷，旁观者清"。神居高临下，从天上看下来，自然是一目了然。有一则新闻报导说，有 6 个人在加拿大的树林里迷路了 6 天。第 6 天的早上，其中一位清早起来静思，忽然听见车子发动的声音。他跟着声音走，发现原来他们迷失了 6 天的地方，竟然距离一条公路只有 10 米距离，他们竟在树林中冤枉地兜了 6 天！当时如果可以超越众树的围绕，就可以看到，其实出路就在身旁。

发挥自我

第三，从神的角度看自己，不但可以发现真我，更可以发挥真我。这里要求的是信心。这信心不是自信，乃是相信创造主所说的话。正如希伯来书的作者所感叹的，"因为有福音传给我们，像传给他们一样，只是所听见的道与他们无益，因为他们没有信心与所听见的道调和"（希伯来书 4：2）。关于这信心，列王纪给了我们一个很好的例子：

"有一个先知门徒的妻，哀求以利沙说，你仆人我丈夫死了，他敬畏耶和华是你所知道的。现在有债主来，要取我两个儿子作奴仆。以利沙问她说，我可以为你作什么呢？你告诉我，你家里有什么？她说，婢女家中除了一瓶油之外，没有什么。以利沙说，你去，向你众邻舍借空器皿，不要少借。回到家里，关上门，你和你儿子在里面，将油倒在所有的器皿里，倒满了的放在一边。于是妇人离开以利沙去

了,关上门,自己和儿子在里面。儿子把器皿拿来,她就倒油,器皿都满了,她对儿子说,再给我拿器皿来。儿子说,再没有器皿了。油就止住了。妇人去告诉神人,神人说,你去卖油还债,所剩的,你和你儿子可以靠着度日"(列王纪下4:1~7)。

那妇人所有的仅仅是一瓶油,如何能够倒满整间屋子里的空器皿呢? 但是她遵命,拿来一个器皿,就倒满,尽瓶子所有的量倒满,没有压力,不急不躁。满了一个,再来一个,还是从容地遵命照做。那瓶油竟然倒之不尽,直到再没有器皿可装了,油才止住了。一个人如果肯遵从神的命令,"先求祂的国和祂的义"(马太福音6:33),当会发现神在这人身上可作的事,是无可限量的。这是我个人所经历的,也是我全家的见证。

我的小儿子幼时对有些东西的记忆不好,在大庭广众之下又害羞开口。但是在他4岁时,我们已经带他祷告,请主耶稣基督做他个人的救主。所以在他要入学时,那所教会学校要求小朋友们背诵圣经。于是我们就首先教他自己祷告求神赐给他智慧,抓住神的应许,"你们中间若有缺少智慧的,应当求那厚赐与众人、也不斥责人的神,主就必赐给他"(雅各书1:5)。我们也帮助他学习,背诵下来。结果他不但整章整卷圣经都背下来了,并且开始背数字。结果在9岁时,在5周时间里,他读了5年的数学,12岁考进华盛顿州立大学。他自己决定13岁才进大学,18岁时已大学双学士毕业,学的是数学和电脑,20岁获数学硕士,现在

即将修完他的电脑博士。我相信,信实又不偏待人的神,也
必照样祝福你和你的全家,只要你们肯专心地信靠祂。

尊重自己

　　一个尊重自己的人,会自爱,不会把自己污染了,更不
会将自己糟蹋了。最近在某一个地方,遇到一位留学生。
这位 21 岁的小伙子,长得一表人才,口齿伶俐,真是人见人
爱。谈及女朋友时,他自然是自夸有过好多女友。但是当
我告诉他不要伤女孩子的心时,他竟然自豪地说,"我伤她
们别的东西。"我不敢想像他话中之意是什么,他在场的朋
友却露出狡黠的微笑。其实,这小伙子也是在作践自己。
另一次在大陆,有一回飞机因故无法起飞,航空公司将乘客
们安顿在旅馆。有个中年人对我友好,买了 5 瓶啤酒要跟
我喝酒,我说不喝。他还告诉我他有胆结石,真是不知死
活,明知故犯,这叫作不自爱。喝了酒,就问我有几个老婆,
我说只有一个。他还好意思自夸地说他随时有 4、5 个,真
是以自己的羞辱当作荣耀。

　　今天多少男人自残自戕,用酒、用毒品、用色、用赌,自
以为是享受,其实是伤害了自己,作践了自己大好的身体,
搞得浑身是病,浑身是债,甚至连累了家人。男人不能尊重
自己,其中一个很大的原因,可能是父母亲在他小的时候,
不晓得如何尊重他。这是我们常见的光景。我曾与一位年
青人同工。他的表面才干很好,是个传道人。虽然在他的
生活环境中,他得不到什么教育,但是无论是领敬拜赞美,

或是讲道，他都十分有恩赐，我实在是很欣赏他。但是有一回，在他不经意的时候，我观察到他的表情，有一点伤感，基本上就是一个苦命的样子。询问之下我才了解，其实他有严重的自卑感。所以他的工作地点换了好多次，都是由于人际关系的问题。原来他从出生起，父母亲就不喜欢他。他清楚地记得，在他5岁的时候，父亲用皮带打得他半死，母亲站在旁边还助阵说，你死去吧，我们不要你。他8岁就曾离家出走，但东北寒冷的冬天让他只能回家，但到了12岁他就开始自己出去谋生。自然，这弟兄是个极端的例子。但是一般的父母亲，对小孩子粗暴的态度，动辄非喊即骂，虽然不一定动手，但是口头的虐待，留下的疤痕也是不能磨灭的。

比如说一个常见的情景是，在一个宴会上，一个2、3岁的小孩子，不小心打翻了水杯，杯子碎了，汽水洒了一桌子。作父母的，一定是不好意思极了，第一个反应就是把孩子一巴掌打下去，再骂他一顿，叫他坐好，然后大人自己去收拾，一边收拾一边一肚子不高兴，孩子只有坐在一旁哭。其实，这本是教导孩子的大好机会。孩子并不是故意的，既然闯了祸，已经十分害怕，大人何必再火上浇油？不如先安慰他一下，再告诉他今后不要自己拿水杯，要记得请父母帮忙。最后还得教他学习负责任，要把打碎的东西收拾起来。当然，这么小的孩子，自然没办法，也不能叫他自己去收拾。父母亲自然要帮忙的，却不是叫这孩子站开，乃是让孩子帮忙他可以做的。幼儿时期所建立的自我形象和尊严感，是一个人最基本的形像。所以圣经说，"教养孩童，使他走当行的道，就是到老他也不偏离"（箴言 22∶6）。

一个不会尊重自己的男人，就不会尊重别人。有些时候，一个男人在外面的工作环境里，只好吞声忍气，但是回到家里，却有可能莫名其妙地一进门就向家人发泄。自然，我们在上文中所提的自我价值观，也与此有很明显的关系。这种人虽然自幼不被尊重，当时自己觉得很难受，但是却不知不觉地一有机会就同样地不尊重别人。最方便的，自然是发泄给比自己软弱的人了。在可以欺负的人当中，最接近他的人，首当其冲就是自己家里的人。这种人在外面被别人欺负了，回家就经常打妻子儿女。在美国，多年来已是每三家就有一家存在家庭暴力。华人的家庭采取家丑不可外扬的态度，不少妻子就只能吞声忍气地活下去。

有些女人所抱的态度就是所谓的"认命"。我曾经接触到一位教授太太，丈夫因为工作压力大，练起气功来。这一下子更不得了，每天回到家里，先要把妻子用皮条捆起来，再用另一根皮条抽打她，直到自己发泄完挫折感，压力感，才有了所谓的性快感！这个妻子还一直以为这就是爱，别人也都是这样的！最后还是忍受不住，逃到"被虐妇女会"（Battered Women Shelter），当别人想帮她举报时，她却是退缩下来，也不知道她后来结局如何。我们可想而知，这女子尊重自己有多少。今天，好多现代的家庭，不一定像这个家庭这样极端，但是从妻子郁闷不乐的神情，还是可以观察到一些端倪。

圣经说,"你们作丈夫的,要爱你们的妻子,正如基督爱教会,为教会舍己。要用水藉着道把教会洗净,成为圣洁,可以献给自己,作个荣耀的教会,毫无玷污、皱纹等类的病,乃是圣洁没有瑕疵的"(以弗所书 5:25～27)。

一位被她丈夫所爱的女人,必是容光焕发,不会终日愁眉苦脸的。多少女人在生活的担子重压之下,却欢乐地苦干下去,虽苦犹甘,原因就是爱!爱是恒久忍耐,又是凡事忍耐。压力来了,不是把彼此的关系压散了,乃是叫彼此更加亲热,更加连结在一起。圣经称这为"爱心的劳苦"。

是的,家应该是彼此扶持,互相帮助的地方。但若是上一代的思想包袱,传到下一代去,恶性循环就开始了。其实,这种丈夫是先不自爱了!正如圣经接着所说的,"丈夫也当照样爱妻子,如同爱自己的身子,爱妻子便是爱自己了。从来没有人恨恶自己的身子,总要保养顾惜,正像基督待教会一样"(以弗所书 5:28～29)。

尊重自己的困难

一个肯定自我、尊重自我的人,无论别人如何看他,都不会影响他的自我形像和自我尊严。有些人可能会回答说:我就是想要肯定自己,但是却一直碰壁,搞得焦头烂额;我就是要尽量维持自己的尊严,但是别人却不尊重我。这些话确实是不少人一生的遭遇。要回到人应有的尊严,困难重重;要学习尊重别人,更是有很多功课。

有一个夏天,我看见一位第二次怀孕的年轻的妈妈,手臂上瘀青了一大块。被问之下，她哭成个泪人，原来前晚她被丈夫打了。这对夫妻都是高级知识分子，丈夫还是个博士。私下和他们谈话时，丈夫也哭了。原来他 8 岁时，他的妈妈因为受不了爸爸的昼夜殴打，就撇下他们兄妹离家而去。他很气妈妈撇下了他们，也很气他的爸爸打妈妈。如今他自己作丈夫，作爸爸，竟然历史重演了！这是个悲剧，有些人可能认为命中就是如此。曾有一位被丈夫虐待的女子告诉我：17 岁时算过命，她的命就是如此。其实她自身受苦倒在其次，她的儿子更是被吓坏了，半夜宁可躲在有熊出没的漆黑森林，也不肯回家。我告诉她，就算她要看轻自己，也要为儿子着想，勇敢地表明态度。

人生是否就是这样，就如传道者的感叹，"我又转念，见日光之下所行的一切欺压。看哪，受欺压的流泪，且无人安慰。欺压他们的有势力，也无人安慰他们"（传道书 4：1）。虐待妻儿的男人，不但带给别人痛苦，自己也活在没有爱的光景中。夜深人静之时，良心的责备也许会让上述那个年轻的父亲扪心自问，为何历史会重演？当他老来之际，孤苦零丁地重温一生的错误，那时只有责恨自己。

夫妻之间，有些时候不能彼此尊重，互相欣赏，也有可能是对方让自己失望了。当初结婚时，可能都怀有很多的期望。当期望无法实现时，失望就演变成苦毒，苦毒就诉诸于藐视。家庭中夫妻彼此攻击，不能相互扶持鼓励，父子之间也可能有同样的情形。孩子小的时候，父母亲不知道用鼓励和了解来教导孩子，只是喊骂。有些孩子到了青少年，

会看穿父母亲的方式，便反抗起来。青少年反叛时期的一个现象，就是藐视父母。这种父母正是自食其果。

自我尊严的恢复

那么，一个人怎样才能恢复他应该有的尊严呢？我们上文提到圣经的大原则，神创造人是截然与动物不同的，"神说，我们要照着我们的形像，按着我们的样式造人"（创世记1：26）。我们已经讨论过"形像"的意思了，人是神的"副本"，那就是自我的价值。这回我们要讨论"样式"，这字的希伯来原文是"demuth"，意思是指神的荣耀。以西结书1章28节说，"这就是耶和华荣耀的形像"。我们承认，中文圣经的翻译，不一定完全一致。这里的"形像"原文是"demuth"，就是在创世记1章26节翻作"样式"的同一个字，也可以说是指外形。人原来是照着创造主的荣耀来造的，所以圣经中常常也用人的身体四肢来形容神的形像，这并不是说神是在有限的物质形体里面。主耶稣说，"神是个灵，所以拜祂的，必须用心灵和诚实拜祂"（约翰福音4：24）。但是圣经也提到神的眼目、神的手、神的脚、神的口、神的耳朵，等等。这"神的形像"或"样式"是根据什么？希伯来书1章3节论到神的独生儿子时说，"祂是神荣耀所发的光辉，是神本体的真像"。所以这形像就是基督。

原来人的自我尊严，是创造主所赋予我们的，一方面是不能被任何人或事物所抹煞掉的；另一方面这尊严一离开神就丧失了。这就是为什么在伊甸园里，起初亚当和夏娃是赤身露体，彼此并不觉得羞耻。原来那时他们是披戴着神的荣耀的。人类选择要自己作创造主，自作主张时，神的荣耀就离开我们了。今天每个人都要求别人的尊重，却不求从神而来的荣耀，也不尊重别人，自我的尊严如何可以恢复呢？正如主耶稣责备当时的法利赛人说，"你们互相受荣耀，却不求从独一之神来的荣耀，怎能信我呢？"（约翰福音5：44）。诗人也说得好，"因为高举非从东，非从西，也非从南而来。惟有神断定，祂使这人降卑，使那人升高"（诗篇75：6～7）。所以尊重自己的第一步，是恢复与神、我们的创造主的关系，让原来神所赋予我们的尊严、荣耀，回到我们身上。就如保罗在他的书信里常常提到的：

"你们学了基督，却不是这样。如果你们听过祂的道，领了祂的教，学了祂的真理，就要脱去你们从前行为上的旧人。这旧人是因私欲的迷惑，渐渐变坏的。又要将你们的心志改换一新，并且穿上新人。这新人是照着神的形像造的，有真理的仁义和圣洁"（以弗所书4：20～24）。

但是今天多少人说信了主，又受了洗，却还是生活在消沉忧虑当中，对自己的尊严没有肯定，在众人都惧怕时，更不能如主耶稣告诉我们的，"日月星辰要显出异兆，地上的邦国也有困苦，因海中波浪的响声，就慌慌不定，天势都要震动。人想起那将要临到世界的事，就都吓得魂不附体。那时，他们要看见人子有能力，有大荣耀，驾云降临。一有这些事，你们就当挺身昂首，因为你们得赎的日子近了"（路加福音21：25～28）。

这经文所表达的，自然是基督徒最终的胜利，但是在今天这暂时的困难中，我们应更加能够确定我们自己，不是再靠着自己，乃是靠着那加给我们力量的。所以，当保罗身为阶下囚，被解送去罗马时，因为掌权者不信保罗所说行船危险的忠告，以致所坐的船快要覆灭，众人都绝了得救的希望，保罗却镇定而有把握地站在众人面前说：

"因我所属、所侍奉的神，祂的使者昨夜站在我旁边说，保罗，不要害怕，你必定站在凯撒面前，并且与你同船的人，神都赐给你了。所以众位可以放心，我信神祂怎样对我说，事情也要怎样成就"（使徒行传 27：23～25）。

一位在神面前知道自己的价值尊严，明白自己从神所领受的任务的人，不但肯定自己，也可以帮助别人。

上述的以弗所书经文告诉我们，虽然我们信了耶稣，我们是已经得到了这新人荣耀的形像，但是我们还得要把这新人实现出来。第一是要学习。这包括要听，听了又要领受，然后落实地去实行出来。这学习，在原文中是"做门徒"的意思。换句话说，就是按部就班地去实践所听到的。

第二是要脱去。这字原文是指像脱衣服一样，要换套新衣服，从来没有人会把新衣服穿在又脏又破的旧衣服上。旧的不去，新的就来不了。"若有人在基督里，他就是新造的人，旧事已过，都变成新的了"（哥林多后书 5：17）。

最后还要改换心志。我们的思想观念不改变，肯定还会停留在过去的死胡同里。这些过去的旧包袱，以前旧思想的残余，都必需完全地改换过来。"真理的仁义"就是真正的你。你本来就应该是这么好的，这是神造你的计划。新约圣经中的"圣洁"被翻成这意思的第二个字"osiotetis"，这圣洁是指着本性而言的，打一个比方，一只小鸭子见到水，很自然地就游进去。一只小鸡，你就是勉强地把它抛进水里，不死也成了只落汤鸡！生命有生命的本能，有了神圣洁的生命，才能活出神所预备圣洁的生命来。

第 **3** 章

男人在家庭 的 角色之三

大男人的痛苦

我们在上文论及男人从小产生的一个压力,就是环境对男人形像的期望。最近,我和一对夫妻谈论他们的儿女教养问题。他们的一个烦恼是,大女儿很能干,作事快,进取心强,真是个巾帼英雄的气派。用他们的观察,像个男人!反之,大儿子却好音乐,善舞蹈,举动温柔,带着美感,讲话温文有礼。用他们的话来说,像个女人!这女儿只有7岁,儿子则5岁。

从观察这对夫妻,我可以见证他们并没有影响到这两个孩子的这种个性的趋向。难道这就是时下有些人的看法,认为是"生错了身体"吗?这是不少同性恋者所宣称的一个借口,这在医学和遗传基因的角度上看,自然是完全讲不通的。事实上,这两个孩子是基本个性上的分别。简单来说,这女儿只是比较理性,个性爽快而已。她还是百分之百的女孩子,没有必要把她看成不正常。这儿子则是比较感性,有艺术感,那有什么不对?追问之下,这女儿其实身材相当女性化,儿子则相当粗壮。

男人从小被逼要扛起大男人的形像,是很痛苦的。有爱的感情,不能自然地流露;有难处,不能尽情地表达伤痛。

正是所谓"男儿流血不流泪"。玩具嘛,一定要刀枪武器,军人英雄;喜欢温柔的娃娃,软绵绵的小动物,那就不行。多少男人从小要学习勉强忍住,不能有细腻的感情之表达。长大了,只有诉之麻醉自己的行动,诸如酗酒、毒品、色情等等,结果是借酒浇愁愁更愁。或者是被周围的意见洗脑了,认为自己应当是个女人。有些更是诉诸暴力,对身旁的人施加武力,以求肯定自己是男人的身份。如果生了一个儿子,更有可能将一代的错误传到下一代,恶性循环。

独特的生命

圣经描写神造人时,除了强调人因为有神的形像和样式而带来的价值和尊严,在创世记2章7节还仔细地描写了男人的受造。神只造了一个人,这强调了人的独特性。天下人间的人,虽然无数,但是每一个人在神面前,都是特别的,都是宝贵的。所以,没有两个人真正是一样的。玛拉基书2章15节给了我们一个独特性的原因,"虽然神有灵的余力能造多人,祂不是单造一人吗?为何只造一人呢?乃是祂愿人得虔诚的后裔。"

第一,我们必需承认和接纳,每一个人被造是独特的,这包括了全人的各方面。上述的个性问题是一例。圣经的创造主,是十分注重个人的。这和现代的进化论观念,是极其相反的。进化论观念是:我们只不过是沧海一粟,时代洪流里的一粒小沙,所以可能把我这个"小我"牺牲掉,来完成所谓"大我"。至于那"大我"是谁,那就要看是谁当权得势了。这就是所谓"适者生存"的大原则。谁当权,谁就适合生存。你不当权,只好认命,当个牺牲品!圣经所介绍的创造主却不是这样。从开始,神就不断地寻找个人。亚当犯罪之后,神问他的是,"你在哪里?"在亚当的长子和次子中,神拣选了次子亚伯为信心伟人的第一位(参见希伯来书11章4节)。

创世记第5章亚当的后代、敬虔的家谱都是个人的。洪水来临之前神更是拣选了挪亚、亚伯拉罕、以撒、雅各、约瑟、摩西、路得、大卫等等。我们若是一一地提名,那这里的篇幅就不够了。就是神要改变整个社会、民族,祂也还是先要找一个合祂心意的人,作祂时代的器皿。无论哪一个人,只要肯放开手,让神使用他,神必定将祂丰盛的恩典,浇灌在这人身上,使他的生命丰盛,有真正的意义。

有谁听见神的呼声?"我可以差遣谁呢?谁肯为我们去呢?"有谁愿意回答说,"我在这里,请差遣我"(以赛亚书6:8)。就是整个民族悔改时,也要各人悔改,"我必将那施恩叫人恳求的灵,浇灌大卫家和耶路撒冷的居民。他们必仰望我,就是他们所扎的。必为我悲哀,如丧独生子;又为我愁苦,如丧长子。那日,耶路撒冷必有大大的悲哀,如米吉多平原之哈达临门的悲哀。境内一家一家的,都必悲哀。大卫家,男的独在一处,女的独在一处"(撒迦利亚书12:10～12)。

神对人的审判也是如此,"看哪,世人都是属我的,为父的怎样属我,为子的也照样属我。犯罪的他必死亡"(以西

结书 18:4)。所以一个国家,一个社会,甚至于全人类,如果要有转机,来个大复兴,需要从个人生命的改变开始。

神亲手塑造

创世记 2 章 7 节说,"耶和华神用地上的尘土造人,将生气吹在他鼻孔里,他就成了有灵的活人,名叫亚当。"当描写动物的被造时,1 章 24 节说,"地要生出活物来,各从其类;牲畜、昆虫、野兽,各从其类。事就这样成了。"论到人,却是神亲自用地上的尘土造的。人在创造主的心目中,俨然有个不同的地位。

我们是祂亲手塑造的。我们若是在祂的手里,自然也是最安全、最理想的了。这是从起初神要和我们建立的关系。

可惜,人类在自己私欲的牵引诱惑和撒但的狡滑欺骗之下,竟然把理想的大好生命断送掉了!从此我们一直要脱离神的手,自高自大,自作主张,结果是自食其果。我们个人的生命败坏了,我们的人际关系败坏了,我们的环境也败坏了,正如今天的光景。

其实,神关心我们个人,是无微不至的。就如诗人所说,"我的肺腑是你所造的。我在母腹中,你已覆庇我。我要称谢你,因我受造奇妙可畏。你的作为奇妙,这是我心深知道的。我在暗中受造,在地的深处被联络,那时,我的形体并不向你隐藏。我未成形的体质,你的眼早已看见了。你所定的日子,我尚未度一日,你都写在你的册上了。神啊,你的意念向我何等宝贵，其数何等众多！我若数点，比海沙更多。我睡醒的时候，仍和你同在"（诗篇 139：13～18）。

最近，印度洋地震引起的海啸，死伤之众被称为百年来天灾之最，所袭之地又正是全球最贫困的一些地区。一些有心人士曾在网络上问过这个问题，"如果有个神，为什么会有这种惨事，又是发生在这么可怜的人群当中？"《纽约时报》的社论也应声说，"自然界是如此地无情残忍！"

其实，这个世纪以来，因人祸而死的数目，远远超过因天灾而亡的群众。人杀人，都是算百万，远超过这次海啸的几十万。况且对于这种天灾，圣经早已预言在末世不但会有，而且会大大地增加。

圣经给出的原因是：人类不要那位"常用祂权能的命令托住万有"（希伯来书 1：3）的神子，我们的世界肯定要崩溃的！但是现代的科学家，不约而同地，也告诉我们同样的事实。海啸的发生，原是意料之中的事，问题是人们有没有作准备。这次海啸发生前，有没有哪里曾发出警告？事实告诉我们，斯里兰卡的海啸，是在印尼外海的地震发生了 2 小时之后才到达的。如果预先有警报，有足够的时间疏散，财物的损失自然难以避免，但是伤亡的数目肯定是可以大大减少的。这问题如今还是国际上追究不清的一个悬案。

为什么太平洋和大西洋，有海啸的预警系统，而印度洋却没有？印度洋最后一次重量级的海啸，是 100 多年前的克卡拉多火山（Krakatoa）的大爆发。当时的海啸也是上了苏门答腊岛，测量到几乎有 90 米高。电视报导说，就在地

震中心旁边,有个小渔村,村民记得先人曾说过,一有地震,立刻往山上逃!结果全村没有一人丧亡。反之,在斯里兰卡,有一班列车,车上的 1000 多人,有不少正是刚刚逃避海啸余生的人们。谁知列车长或是出于无知,或是执迷不悟,竟然继续沿岸往南开去。结果自然是众所周知的,半小时之后到来的第二次海啸,连车轨也被冲起,全车得救的人数寥寥可数。

圣经 2000 年前的预言,跨世纪时科学家也作了证实,这些事在本世纪是必然会发生的。要紧的是该如何预备?这种天灾,难道只有可能发生在印度洋吗?北美洲的西岸不也是正坐在地震区吗?纽约外面的公海,不正是有冰岛的火山区吗?正如主耶稣论到祂当时的一些意外事件时说,"从前西罗亚楼倒塌了,压死十八个人。你们以为那些人比一切住在耶路撒冷的人更有罪吗?我告诉你们,不是的。你们若不悔改,都要如此灭亡"(路加福音 13:4~5)。所以,一方面,我们肯定应该踊跃地慷慨解囊,捐助印度洋灾区苦难中的人民。但是更重要的是,这世界该如何行,以逃避那更大的灾难呢?

电视上我亲眼在 Fox Channel 见到一位基督徒的见证。他出生在斯里兰卡,移民到美国,住在纽约城,但他蒙神呼召回到老家,开了一所孤儿院,还建了一所小教堂,正是面对印度洋的海边。海啸来时,他眼见来不及把那 28 位孤儿抢救上山,只好冒险叫所有的孤儿上了他的小艇,预备冲过巨浪,到海上去。因为海啸在海上只不过叫海上的东西一起一伏而已,破坏性要到巨浪上岸时才更加厉害。

　　但是,当时 30 英尺的海啸以时速 500 英里冲上岸来,如何来得及在巨浪上岸前冲过海那边?他忽然想起,主耶稣在世上时,也曾命令过风与海。所以,他就站起来,面对巨浪说,"我奉主耶稣基督的名,命令你停住!"就在那一刹那,巨浪仿佛竟然僵住片刻,让他乘机发动小艇沿着巨浪的水墙直上,过到海的那边了。巨浪停住是否他的幻觉?事后,同村的人告诉他,当巨浪以千军万马之势狂扫岸上时,村里的建筑物无一存留。令人希奇的是,巨浪过后,那所小教堂竟然巍然站住!当我此后在纽约播恩堂布道时,提到这见证,有一位姐妹在会后告诉我,那位传道人是她儿子的好友,已经写信告诉她儿子这奇妙的见证。

　　是的,一位在神手里的人,可以和保罗一样宣告,"照着我所切慕、所盼望的,没有一事叫我羞愧,只要凡事放胆。无论是生是死,总叫基督在我身上照常显大"(腓立比书 1:20)。可惜那些不知道要(或者知而不要)在神手里的人,就只有任由现实来宰割,后果自负了。

有灵的活人

　　创世记 2 章 7 节还提到人和他的创造主有一个特别的关系,"耶和华神……将生气吹在他鼻孔里,他就成了有灵的活人"(创世记 2:7)。中国古语也说,"人为万物之灵"。人类之自我肯定,最重要的是自己知道里面有创造主给我们属灵的生命。圣经告诉我们,这灵是动物所没有的。可

惜今天世上的智慧人,竟然把自己比作"没有灵性的畜类"(犹大书 10 节),把自己作践了,也把别人作践了。所以一个男人,要肯定自己,这与创造主在灵里面的关系,一定要先重建起来。这灵的关系断绝了,就在于亚当、夏娃要如神一般能知道善恶。从此,人类心里无论如何,总有一个空洞,什么都不能填补,除非创造主本身。

今天从整体来看,人类还是抱着同样的态度。就算是有了一点自知之明,找一个依靠,信一个宗教,也是凭己心己意敬拜,没有承认独一的真神,创造主。这错误是人类作践了自己最大的原因,"因为他们虽然知道神,却不当作神荣耀祂,也不感谢祂。他们的思念变为虚妄,无知的心就昏暗了。自称为聪明,反成了愚拙,将不能朽坏之神的荣耀,变为偶像,仿佛必朽坏的人和飞禽、走兽、昆虫的样式。所以,神任凭他们逞着心里的情欲行污秽的事,以致彼此玷辱自己的身体"(罗马书 1:21~24)。

当一个人接受了耶稣基督的救恩,愿意祂作自己个人的救主时,神的灵就进来了,也带来了神的生命。"圣灵与我们的心同证我们是神的儿女"(罗马书 8:16)。这圣灵在我们里面,潜移默化地更新我们。先是叫我们"心意更新而变化"(罗马书 12:2),又"靠着圣灵治死身体的恶行"(罗马书 8:13),从此可以"察验何为神的善良、纯全、可喜悦的旨意"(罗马书 12:2)。这是神赐给我们新生命的本能。

但是,就算一个人他信了耶稣,重生得救了,却也可能没有在灵里得到长进。其原因之一是:个人的灵修生活没有保持，也就是没有天天读圣经，祷告。这件事是每一位基督徒每日生活不可缺少的大前提。正如诗人所说，"但我亲近神是与我有益，我以主耶和华为我的避难所，好叫我述说你一切的作为"（诗篇73：28）。又如主耶稣的吩咐，"你们要先求祂的国和祂的义，这些东西都要加给你们了"（马太福音6：33）。我们身为神国的国民，神国的法则规矩，我们知道吗？我们所行的若不在神国的范围里，怎能希望神来保护我们呢？

义是标准的意思。神在我们身上的标准是好的，是祂原来美好的计划，也是我们所有的潜能在尽情发挥之下所当有的光景。达到这个标准，我们人生一切的需要和问题，就都迎刃而解了！所以，无论是个人的生命，事业的发展，人生的道路，或是家庭的带领，一个男人都要肯定自己的角色，发挥自己的潜能，享受家庭的温馨乐趣，若要作到这些，一个健全的、每天的灵性生活是必不可少的。这样，无论处于什么环境，这人都可以安然：

"神是我们的避难所，是我们的力量，是我们在患难中随时的帮助。所以地虽改变，山虽摇动到海心，其中的水虽匉訇翻腾，山虽因海涨而战抖，我们也不害怕。有一道河，这河的分汊，使神的城欢喜。这城就是至高者居住的圣所。神在其中，城必不动摇；到天一亮，神必帮助这城"（诗篇46：1～5）。

第 4 章

温馨家

家要温馨

"耶和华神在东方的伊甸立了一个园子,把所造的人安置在那里"(创世记 2:8)。

有一次,一对年青人要请我为他们证婚。这新郎官十分忠厚,为人内向害羞,实在是可爱。他害羞到问我是否可以替他讲婚礼的盟誓! 但是当我问他为什么要结婚时,他十分确定地说,"要个温馨的爱窝!"

这单纯的要求,正是每一个男人结婚时所望所求的。可惜,家常常并不是这样的。一般的男人很容易在家庭不温馨愉快时就责怪妻子,有些更是理直气壮地以此为婚外情的好理由。论到温馨,一般总以为是女人的特色,男人总是要粗犷的。所以男人回家,可以粗犷,妻子却要温馨,逆来顺受。

另一方面,是一般男人对儿女的要求。做父亲的,总以为我整天在外面,为了家庭的供应,辛苦受气,回到家里,孩子们应该主动地使他开心,体恤父亲的辛劳。就算父亲满脸怒气,也得递茶,拿拖鞋,奉报纸,向爸爸问安。没想到,孩子们见到老爸那一副嘴脸,早已敬而远之。

爱要表达

有一对父子,孩子小的时候,跟着爸爸到处跑,是爸爸的好帮手。谁知到了青少年时期,竟和老爸天天吵架。母亲请我和他们谈,儿子只怪"爸爸不爱我"。

我和爸爸谈时,爸爸几乎声泪俱下,"不爱他,我怎会辛苦工作,住好的校区,买名牌衣服给他,我自己只穿减价货?"我问他,"你曾否搂着儿子的肩膀,温馨地对他说,儿子,我爱你!"他说,"太肉麻了,我妈妈都没有对我这样!"

没有行动的爱自然是虚的,但是为对方做了很多,却没有表达出爱,谁又会知道呢? 连你肚子里的虫都不可能知道。真可惜,为谁辛苦为谁忙,结果并没有享受到家的温馨,孩子们也不觉得爸爸爱他们,就是因为爱心没有表达出来。

爱的表达,不仅在言语上,行动上,也在态度上。三者缺一,对方就不一定收到你爱的信息。有些华人常向我表示,我们华人就是这样的传统和个性,男人更是要喜怒不形于色。其实,男人有这种通病,也不是单在华人,西方男人也常有这观念。

圣经的模式却不是这样的。从开始,神为人类所预备的家,原叫"伊甸",这字的意思就是"轻松,愉快"。是的,家,本来就是要轻松愉快、温馨融洽的,是一天辛劳下来得到舒畅的地方。很可惜,多数的家庭却不再是这样。反过来还认为家庭里充满温馨的表达是不自然的,是弱者的表现！

圣经里父子关系的模范，自然是天父与圣子的关系了。路加福音所记载主耶稣讲的著名的浪子回头的比喻，很细腻地描写了慈父对浪子爱的表达：

"于是（浪子）起来，往他父亲那里去。相离还远，他父亲看见，就动了慈心，跑去抱着他的颈项，连连与他亲嘴"（路加福音 15：20）。终日望眼欲穿的慈父，老远见到虽是败坏的浪子，却是自己心所爱的，就情不自禁地跑过去，"抱着他的颈项，连连与他亲嘴"。

这是完全的接纳，也不必让浪子先洗干净了再拥抱，再亲嘴。这儿子原是看猪的，住在猪栏里，也不知道多久没有洗澡了。这也不管不顾了。因为在爱里，这一切都不计较了。只要他平安回来，那就好了。所以，父亲对那不高兴的哥哥说，"只是你这个兄弟，是死而复活，失而又得的，所以我们理当欢喜快乐"（路加福音 15：32）。

在复活节之际，我们所记念的，岂不是这无比的大爱吗？"因我们还软弱的时候，基督就按所定的日期为罪人死。为义人死，是少有的；为仁人死，或者有敢作的。惟有基督在我们还作罪人的时候为我们死，神的爱就在此向我们显明了"（罗马书 5：6～8）。又说，"不是我们爱神，乃是神爱我们，差祂的儿子，为我们的罪作了挽回祭，这就是爱了"（约翰一书 4：10）。

请注意，爱是从天父先发动出来的。起初，是男人先被造的；伊甸园里，也是男人先住进去的。所以，在家庭里，爱

和温馨,也必需是男人先发动的! 无论是夫妻关系,还是教养儿女,男人需要先爱! 这和一般的观念,常是相反的!

所以,虽然保罗在著名的夫妻篇中说,"你们作妻子的,当顺服自己的丈夫,如同顺服主,因为丈夫是妻子的头,如同基督是教会的头,祂又是教会全体的救主。教会怎样顺服基督,妻子也要怎样凡事顺服丈夫"(以弗所书 5:22～24)。但在接下来的第 25 节提到作丈夫的基本责任时又说,"你们做丈夫的,要爱你们的妻子,正如基督爱教会,为教会舍己。"

到底是基督先爱教会,还是教会先爱基督呢? 自然是基督先爱教会了。其实,在谈恋爱的时候,一般也都是由男方先发动的,为什么到了结婚之后,男人反而要求妻子先表示爱意呢? 对儿女则更是如此。孩子们生下来是白纸一张。婴儿只懂得接受爱,却还不会表达爱。但是,他们渐渐在爱里成长时,就学会爱和表达爱了。所以父母亲有责任要提供一个爱的环境。这环境原是我们的天父起初给我们预备的,却在始祖犯罪时失去了! 可惜上一代的错误,不知不觉地就传递到下一代了。

正如我们开头所提的那位父亲一般,他从小没有得到爱的表达,只有生活的供应,和督促勤学向上。这供应和教导,自然是好的,但却是冷冰冰的,缺乏了爱的温馨和感情,就不是有血有肉,有汗有泪,有欢笑有拥抱,坦诚相见的关系。

现代社会的物质至上,功利主义的价值观,和高科技生活之紧张，自然不无影响。但是难道我们就不能脱离这捆绑吗？爱是否死了？我们是否要继续禁闭在冷冷冰冰、孤孤单单的自我世界里呢？不是的，爱需要表达出来。我们，特别是男人们，应该要让正常的爱的感情流露出来，对你的妻子，你的儿女，你的父母，都要如此。这是天父给我们的模式，所以是我们为父、为夫、为子的人，应该有的正常态度。

可惜，今天正是黑白颠倒的世代！可叹哉！这"失乐园"从何可以寻回呢？

寻回失去的温馨

浪子回头的故事，是儿子回到父亲温馨的怀抱里。但是今天，多少家庭需要的是流荡的父亲回到温馨的家园。这不但是对孩子们的一个祝福，对妻子应有的爱，更是对自己的一种享受。不少男人自以为过着自由放荡的生活是一种享受，谁知到头来却是孤单的。

我行医的时候，见过不少这种可怜的男人。但是"浪父"要回头，确实有不少的障碍。第一，是过去的包袱。不少的男人，从小没有温馨的父爱，或者与父亲有很大的鸿沟，甚至有敌视和不少的伤害。这一切的伤疤，都是不容易抚平的。轻则对爱有惧怕感，从小因为希望得到爱，而曾经被伤害。这种孩子很自然地会产生对爱的一种麻木感，首要的是要保护自己，不想再次被伤害。可惜这种作茧自缚竟然成为自己的限制，甚至将自己曾经对父亲最反感的行径，竟向自己的家人作出来。

这种男人同样需要做的是与自己的父亲重建一个爱的关系。可惜有时父亲不一定要重建这个关系,或者父亲已经去世了。正是树欲静而风不止,子欲养而亲不在。父爱永远是个梦想。

耶稣基督的福音给我们的转机是,我们最终的父亲,其实是天父。祂是万爱的源头,也是作父亲的人之榜样。无论我们地上的父亲是否在世,我们都要先回到天父的怀抱里,让祂用祂那永不止息的爱浇灌我们。正如圣经所说,"不是我们爱神,乃是神爱我们,差祂的儿子,为我们的罪作了挽回祭,这就是爱了"(约翰一书4:10)。

挽回祭原文就是"赔偿损失"。过去的伤害和包袱,在主耶稣的宝血里,可以洗净和除掉,叫你从心里原谅你的父亲,让神在你们父子之间,重建一个温馨有爱的关系。这样,你和你的儿女的关系,才没有历史重演的阴影。

爱的经历

寻回温馨的家,第二个障碍,就是缺少爱的榜样。要表达温馨,在有些男人来说,根本就好像是外星人一样。勉强做起来,都是好别扭的,一点都不自然,对方也觉得有同感,就是拥抱也不会投入。

我们需要先向天父敞开我们的双臂,放开心怀地拥抱祂。经历神的爱,求神把祂的爱浇灌下来,这是我每天的祷告。正如圣经所应许的,"因为所赐给我们的圣灵,将神的爱浇灌在我们心里"(罗马书5:5)。

但是我们却要毫无保留地放手交给神，这是保罗所追求的最大的福分，"这不是说，我已经得着了，已经完全了。我乃是竭力追求，或者可以得着基督耶稣所以得着我的"（腓立比书 3:12）。

"得着"原文是"拥抱"的意思，或者说，可以拥抱基督所拥抱我的。神在基督里，已经毫无条件地拥抱和接纳了我们，问题是我们有没有毫无保留地拥抱神。对人，我们可能信不过。但是对神，我们却可以完全地投入依靠祂。

其实，这也是圣经里神对我们的要求，"只要凭着信心求，一点不疑惑。因为那疑惑的人，就像海中的波浪，被风吹动翻腾。这样的人，不要想从主那里得什么"（雅各书 1:6～7）。

在神爱的拥抱里，我们再也没有惧怕了，"神爱我们的心，我们也知道，也信。神就是爱。住在爱里面的，就是住在神里面，神也住在他里面。这样，爱在我们里面得以完全，我们就可以在审判的日子，坦然无惧。因为祂如何，我们在这世上也如何。爱里没有惧怕。爱既完全，就把惧怕除去，因为惧怕里含着刑罚。惧怕的人在爱里未得完全"（约翰一书 4:16～18）。

但愿天下的父亲都得到天父爱的充满，好叫纯真的爱遍满全地。

爱的真理

要把爱实行出来，我们还得要跟从爱的真理，那就是圣

经的名言,"爱是恒久忍耐,又有恩慈。爱是不嫉妒,爱是不自夸,不张狂,不作害羞的事,不求自己的益处,不轻易发怒,不计算人的恶,不喜欢不义,只喜欢真理;凡事包容,凡事相信,凡事盼望,凡事忍耐。爱是永不止息"(哥林多前书13:4~8)。这一段话,我们容后还可以仔细研究,这里我们只要指出,爱若不是根据真理的话,爱就不完全,我们也有可能失望的。

主耶稣说,"你们必晓得真理,真理必叫你们得以自由"(约翰福音8:32)。一般人对这爱的真理,虽然有不可否认的认同,但是我却常常遇到有人说,"这原则,在现实的世界里,是行不通的。"

有困难,我可以了解,但是真的行不通吗? 主耶稣说,"在人所不能的事,在神却能"(路加福音18:27)。不仅如此,爱的真理还要保护我们。就算有时从人情上,我们会觉得过不去,但是靠着神,勇敢地跟从真理,最终我们一定不致羞愧。

"小子们哪,我们相爱,不要只在言语和舌头上,总要在行为和诚实上。从此,就知道我们是属真理的,并且我们的心在神面前可以安稳"(约翰一书3:18~19)。"诚实"原文作"真理"。意思是,我们的爱要不单在行为上,还要在真理的范围里。又说,"我们的心若责备我们,神比我们的心大,一切事没有不知道的。亲爱的弟兄啊,我们的心若不责备我们,就可以向神坦然无惧了。并且我们一切所求的,就从祂得着。因为我们遵守祂的命令,行祂所喜悦的事"(约翰一书 3：20～22）。"责备"原文是"坚持"，有些时候我们的感情会坚持自己的看法，我们却要顺服神，神肯定知道得比我们更多。

圣经强调说，"一切事没有不知道的"。是的，"我们如今仿佛对着镜子观看，模糊不清。到那时，就要面对面了。我如今所知道的有限"（哥林多前书 13：12）。信靠全能的上帝，是何等地蒙福。"坦然无惧"原文或作"敢说敢言"。这是一个释放，叫我们敢于敞开心怀去爱。

从我做起

上帝是信实的，祂的大能也是可靠的，但是我们却要实际地去遵行。不要说自己江山易改，本性难移，也不要说行不通。爱是凡事盼望，凡事相信，因为有了主耶稣的新生命，就有爱的生命之本能。凡事可能起头难，但是只要靠着神的大能，我们肯定是凡事都能作的。

总而言之，我们要透过主耶稣基督，接受神的生命；我们要有经常的个人灵修，天天求神的爱之充满；我们要落实地遵行神的爱之原则，毫无保留，毫无惧怕。这样，我们必定能够寻回所失去的温馨家园，"凡遵守主道的，爱神的心在他里面实在是完全的，从此我们知道我们是在主里面"（约翰一书 2：5）。

第 5 章

家，谁 来 建立

家的根基

"耶和华神将那人安置在伊甸园"(创世记 2:15)。

正如一间房子,谁建造和如何建造,用什么材料,多少维护,都会影响房子的质量和耐久性。同样地,家庭有多温馨,多少爱,可以维持多久,根基很重要。谁来建立和如何建立,也很重要。草率的婚姻,也可能草草收场。今天有多少年青人赶着结婚,没有慎重地彼此了解,婚后才悔不当初。结婚的原因,有些是肉体上的吸引,甚至是奉子成婚,婚后自然问题重重。压力一来,婚姻就散了。爱,哪里可以永不止息?

有些人是从自己的家中得不到爱,或者自己的家不温馨,心中渴慕有个自己的爱窝。刚刚遇到了一位同病相怜的女子,彼此可以理解各自的苦恼,有同样的渴慕,自然赶紧要一同建立一个自己从来没有享受过的美丽家园。谁知结了婚才发现自己从来没有一个正常家庭的模式,也不知道如何去爱。只是知道要求对方的爱,要求对方付出一些对方从来没有领受过的温馨。真是两个孩子,两方面都需要爱,却不会分享爱。这爱又从何而来?结果是闹得彼此失望,受伤的心灵更加受创。

也有些人是精打细算,人生很有计划,要找到理想的梦中人。谁知结了婚,还是人算不如天算,因为种种的因素,结果可能还是意料之外。因为人心会变,环境有压力,身体条件也无常。恋爱时期的白马王子,可能变得一塌糊涂,爱情可能也会死去。虽然是有情人终成眷属,但是却未必白头偕老,永结同心。问题是在于婚姻根基不稳,还是在于维护不好? 有可能两方面都有关系。我们这里要讨论的是根基的问题。

神所立的

圣经告诉我们,人类第一个家园,乃是神所立的。神立伊甸园的时候,女人都还没有被造,这家园就先被建立了。很有意思的是,在那里,男人已经被造了,也是刚刚被造。这原则,对男人而言特别重要。教养儿女,从小就应该教导他们,要为自己将来的配偶祷告。求神为他们预备那位合神心意的人。那个标准,不是按照世上的价值观念,也不是按照父母亲的愿望,更不是按照自己的私欲,乃是按照神的善良、纯全、可喜悦的旨意。这样才是万无一失,永不后悔。因为神所建立的,神会保全。祂是创始成终的主,祂看着是好的,就一定是好的。正如我们永恒的家一般,"因为他等候那座有根基的城,就是神所经营、所建造的"(希伯来书11:10)。又说,"若不是耶和华建造房屋,建造的人就枉然劳力;若不是耶和华看守城池,看守的人就枉然警醒"(诗篇127:1)。

这寻求的心志,必须从小就建立起来。我们的孩子应从他们一学会祷告,有一点自我意识和观念的时候,就教他们这样祷告。论年龄,也就是差不多 5、6 岁的时候。一般来说,对男孩子而言,教导的要点是问他长大后,要不要做个好爸爸,好丈夫。如果父亲给他的形象是温馨的,是好的,他会很自然地回答:"要!"下一句就是,要不要一位好妻子。如果父母亲的关系是恩爱的话,自然他的反应也会是:"要!"那么,他就要向神求了。可惜今天一般人的心态,第一,都是以为有个好配偶,对女人比较重要。这也是有一点道理的,因为从现实的角度看,一般来说,婚姻失败,女人还是比较吃亏。自然我们同样地,也要教导我们的女儿,从小要为自己将来的配偶祷告。引进题目的方法,还是类似对儿子的方法,不过引用的角色换一换而已。但是不可否认的,婚姻失败时,男人一样会受亏损。不过圣经强调,这个家园必须由神来建立的观念,肯定是要从男人开始的,因为是男人先被造的。

第二,一般父母都以为孩子还小,讲这种题目,未免太早。要谈嘛,总是等到青少年,发育时期,开始交异性朋友了,才想到要和他讨论人生的大道理。其实那时已经有点太迟了。特别是在今天道德沦丧的时代,学校里所教导的道德观念,一早就进入了孩子们的心间。等到青少年时期,多少不良的观念已经先入为主地把孩子潜移默化了。世俗的观念,老早已经根深蒂固了。要改变他,不但要面对他的同侪压力,还要被说是父母的思想落伍了!但是,这观念如

果从小就一天天地建立起来，这孩子成长的时候，就不会随便地结交朋友，特别是异性朋友。今天不仅在北美，就是在亚洲和中国，十几岁的青少年结交异性朋友也是很普遍的现象。不少年青人，可能对基本的圣经原则是知道的，但是交友不慎，一下子有了感情，有些更是发生了性关系，泥足深陷，不能自拔，就糊里糊涂、将错就错地结了婚，真是遗憾终身。这种例子比比皆是。

在神手里

有些时候，父母亲还知道要亡羊补牢。比如说，在孩子交上了一个没有信主的对象时，采取一些行动。一种是要求对方要在结婚前先信主。不过这种为婚姻而信主的人，真假还是一个问题。有不少暂时在婚前信了，也受洗了，结了婚就连教会也不去了，更谈不上个人的追求和事奉的生活。家里要实现基督化的生活和教养，更加不必讲了。另外一种是在结了婚之后，才千方百计地要那媳妇或者女婿信主。这样，常常反而叫那没信主的人觉得你在施加压力，有时候还产生反感，连两代的关系都受影响了。自然也有一些人在公公婆婆、岳父岳母的爱心劝导之下，终于信了主。这种自然是皆大欢喜，圆满收场了。不过无论如何，这肯定不是神原来的设计。有好的结果，是神额外的恩典。何必走冤枉的旷野路呢？更不应该教导年青人如此行。

不过最可怜，也最无知的是，有些人还会在这种婚姻失败的时候，埋怨神不保护。其实是自己任意妄为，先斩后奏,应该是后果自负,而不能怨天尤人。身为父母的,应该要负的罪名,是教导无方,离弃了神的原则。希望这样的婚姻有转机,第一重要的事,是各方面有关的人物,在神面前要深深地悔改,承认自己在这件事情上的罪,才能希望得到医治。

创世记 2 章 15 节中圣经第二次提到"神将那人安置在伊甸园"。原文的文法有加上一个字"laqach",就是"拿起"的意思,这个字也有"抓住"的意思。原来神预备了伊甸园之后,还要抓住那人,拿起来,放在这家园里。既然如此,亚当是被动式地让神将他放在伊甸园里了。整个意思就是:顺服。正如彼得在他的书信中所说的,"所以你们要自卑,服在神大能的手下,到了时候,祂必叫你们升高"(彼得前书5:6)。这里的"大能"是控制的能力,和"手"连在一起,就是让神大能的手抓住我们,不要挣扎,不要反抗,不要坚持己意,不要焦急烦躁,不要自作主张,完完全全地顺服在圣经的原则之下,相信神永不会有错误的带领,接受神美好的安排。其实,神既然创造了我们,祂又在我们每一个人身上,都有一个美好的计划,顺服祂自然是理所当然的,也是最好的了。"我终身的事在你手中"(诗篇 31:15);"当将你的事交托耶和华,并倚靠祂,祂就必成全"(诗篇 37:5);"你当默然倚靠耶和华,耐性等候祂,不要因那道路通达的和那恶谋成就的,心怀不平"(诗篇 37:7)。

这样的心志,如果从小建立起来,到了婚姻年龄的时候,就不会急躁地,或者感情用事地,或者随波逐流地,把终

身大事轻忽了,甚至断送了。神的话应许说,"你们必晓得真理,真理必叫你们得以自由"(约翰福音 8:32)。主又说,"求你用真理使他们成圣,你的道就是真理"(约翰福音 17:17)。身为父母的人,能不谨慎遵守吗?自然年青人本身也要不断地追求,透过个人灵修,天天亲近神,保持一个灵敏的属灵警觉,以至能够精辟地察验何为神善良、纯全、可喜悦的旨意。不会坐失良机,也不会轻举妄动。人生大事,到了时候就水到渠成,见到神所安排的得以实现。这是我个人不但在自己的生命里所体会的,也是在我的儿女身上所见证的。

但是你说,我成家之后才认识神,相信主,如今我的家庭有问题了,我该怎么办?

顺服神还是第一要素。先是要承认神独一的主权。祂是创造主,独一的真神,全能的主宰,也是独一全智的。在祂没有难成的事,祂的原则一点都不改变。第二,要顺服圣经的话语,那就是神的原则。这自然是指天天读圣经了。不读,哪里能够知道,更不能明白,完全谈不上遵守了!第三,要顺服神的带领。无论如何,我愿意全心全意地遵守圣经的原则。前面要发生的事情,我完全交托给祂。我的责任只是毫无保留地遵守神的话语。第四,要积极地遵守圣经所说的一切关于家庭关系的原则。比如,爱的真理,我们往下还要讨论的,男人在家庭里当扮演的角色,这一切都要靠主,尽力地去遵行。不必理会家里的其他成员目前是否肯跟从主,或者是否愿意相信耶稣。万事先由我做起,这是我与神的关系。就让神从我身上，开始一个恩典的管道，进入我的家。但愿我个人的改变，能够感动我的家人。第五，要恒切地为全家祷告，让每一个心田都敞开，让主耶稣的爱浇灌下来，让基督耶稣真正成为我家之主。

第 6 章

男人要定位

美丽的家园

　　我是喜欢种花的人，所以无论到什么地方，我总喜欢参观当地的花园。北美的花园，我最欣赏的可能是加拿大卑诗省维多利亚的布查花园（Butchard Gardens），还有美国南卡州查利斯顿附近的几个花园。令人惊叹的是，那些本来或是采取石材时留下的石矿疤痕，或是久已荒废的稻田，应该是个碍眼的东西，但是在巧匠鬼斧神工之下，竟然变成了五彩缤纷、花团锦簇的特色花园。我多年住在华盛顿州，那里也有一些花园，其中一个在贝灵厄姆（Bellingham）附近，春天的花特别漂亮。可惜管理的人后来不能接续下去，将花园卖给了一个露营的连锁公司，于是眼巴巴地看着那些美丽的花，不到一年就不见了。

　　家，就像一个美丽的花园，无论栽种的人花费了多少功夫，设计多么有天分，如果没有经常的维护，很快就会变成杂乱无章的丛林。中国古语说，"创业难，守业更难。"就算是在神里面开始的家园，如果没有好好地维护，结果也不一定是理想的。

　　圣经说，"事情的终局，强如事情的起头"（传道书 7：8）。家庭要持久地维持温馨，沟通要持续不断，爱要凡事忍

耐,永不止息,不肯下一些功夫,是休想达到的。我们从我们的家可以得到多少,全看我们对这个家付上了多少。

谁该在家里?

自然,大家都晓得,家庭不能自己看护,就如花园不能自己维修。小小的花苗,没有照顾,不能开花;小小的孩子,没有培养,也不能成长。就是夫妻的关系,没有相处,也很难建立。

传统的观念,都是假定男在外,女在内。看守家园主要的责任,都是非妻子莫属。我们可以了解,一般来说,女人管家,总是比较细心。照料孩子,妈妈也总是更亲切一些。无可否认地,孩子终归还是怀在母腹。嗷嗷待哺的时候,也得要母亲来养育。从小,孩子们和母亲,肯定有比跟爸爸更亲切的一面。

但是,圣经告诉我们,当神设立家庭的时候,家庭里的第一个成员,却是男人。那时,女人还没有被造。在创世记2章8节,圣经第一次提到神把亚当"安置"在伊甸园的时候,这"安置"(sim)原文的意思是"定位"。换句话说,从一开始,神设立了人类的家园,神就把男人定位在这家里。

家庭要稳定,如我们前文所讨论过的,首先需要神来设立。基督要作我家之主。其次,这家的男人需要定位。换句话说,这个家庭的丈夫(父亲),需要常常在家。所谓安居乐业,如果男人不在家,就算你拼命赚钱,但丈夫(父亲)定不下心来,妻子儿女如何定得下心来?家庭需要有个健全的父亲形象，无论对儿子或者是女儿，都是十分重要的。

父亲形象对于儿子的重要性

儿子可以让他从爸爸的身上学习如何作男人大丈夫。长大之后，作个亲爱的丈夫，慈祥的父亲，爸爸应该是他的榜样。儿子长大成人，神情举止，办事方式，做人态度，都和爸爸相似，那是理所当然的，子承父业更应该是意料之中。

问题是，好多时候，父亲花在工作上的时间过多，使儿子很少见到父亲。儿子很可能觉得，父亲的事业将爸爸抢走了，因此叫这儿子反而对父亲的事业起了反感。本来儿子的天分，就是应该干父亲所干的，结果他就偏偏不干。

另外一方面，在个性上的成长，特别在青少年时期，儿子需要父亲在身旁，了解他，辅导他，爱他。是的，每一个男孩子在成长的过程中，都需要一点男性的爱。这爱应该是父爱。

这需要没有得到满足，这男孩子可能会从其他的渠道来寻求满足，同性恋就是一个可能性。另外一个可能性，就是这男孩子自己作父亲（丈夫）的时候，也同样地不在家里定位，或者是，就算因为其他的原因，留在家里，也不知道如何与儿子沟通。上一代的错误，就不知不觉地传递下去了。

父亲形象对于女儿的重要性

对于女儿来说，父亲在家里定位，不仅叫她感受到男人

的坚强、温柔、可靠，也叫她见证到父母亲夫妻的爱。这一切，都是预备她将来和她自己的丈夫，建立一个爱的关系。

我记得，我的大女儿的第一次约会，就是和我约会！那时，她只有9岁，在华盛顿州立大学的少年班。那一天，刚好家中其他人都有事情，妈妈去陪哥哥、妹妹和弟弟了。我带她到一间法国餐馆，因为她在大学正在修法文。我们父女俩，在那情调万般的法国餐馆里，对着烛光吃法国餐，真是记忆难忘。如今，她已经是2个孩子的妈妈了！

多少女孩子长大成人后，面对男人却不知如何是好，或是无知地被骗，或是惧怕抗拒。一个很大的原因是，父亲从来没有给她体会，一个正常的男人形象应该是怎样的。再加上有些母亲经常对父亲有埋怨，可能会对男人起了反感，这可能成为引发女同性恋的一个原因。

当我的小女儿要结婚的时候，她告诉我的那句话，我一辈子总甜甜地记在心里。她说，"爸爸，世璋（她的丈夫）好像你哟！"我的女儿找的对象，有一点像我，可不是理所当然的嘛！如果我给了我的女儿一个她可以甜蜜回忆的形象，我的心实在是很安慰！

有谁在家？

但是，今天常常是不但父亲不定位在家，就连母亲也有可能不在家。在现代的社会里，事业心重的女性，也比比皆是。

自然，我们一向相信，女孩子有天分，又喜欢她所学习的行业，也应该让她有发挥的机会。我们的大女儿有两个硕士学位，是教学心理的专家。小女儿是哈佛大学的医生，有医学和生化双博士学位，她们两个人都很喜欢自己的行业。我们家也有"谁应该在家"的矛盾。我们自己的家庭，在成长的年代，女人基本上牺牲了她的事业，宁可在家教养自己的孩子们，免得去教别人的孩子，自己的孩子反而一团糟。我作医生时，也一反一般医生的心态，从自己开业之后，就自己限制了开诊的时间，每周只开诊4天。关于这个问题，夫妻彼此之间应该先有一点了解和共识。两个人的工作要尽量协调，好叫家里无论如何，双亲总有一位在家。要尽量限制、减少由父母之外的人来照看孩子的时间。

每当暑假、寒假时，我们的邻居一般是先请看孩子的人来照顾一周，自己出去旅游，旅游回来后再把孩子送去夏令营，好像和孩子水火不相容一般。我们却是尽量全家出去旅游，不管是到什么著名的旅游胜地，或是到北美的各个国家公园，全家在大自然里逍遥自在。一方面在海阔天空的境界里，心旷神怡，另方面从神所造的奇工里，学习到宇宙的真理。小女儿5岁时，我们举家到加拿大卡加利附近的红鹿谷考察恐龙化石；小儿子12岁时，我们全家到台湾布道。这一切，都给我们留下了不可磨灭的甜美回忆。

父母亲要趁着孩子们还在身旁的时候，尽情地享受和他们在一起的时间。机会一去不再来！

现代的社会，还有另一种的不定位。那就是生了孩子，立刻就把他送去给祖父母照顾。很多还是远隔重洋地送回

亚洲去,等到孩子5、6岁了,才接回来。其实,从出生到6岁,可以说是教养儿女最关键的一段时期。亲情、安全感、个性的塑造、自我的形象等等,都在这一段时期里建立了根基。多少父母亲,等到孩子5、6岁带回来时,才发现和孩子已经有了一个情感的鸿沟。为了要补偿失去的时光,父母亲往往心急地教导孩子要有良好的生活习惯,这反而叫孩子产生了极大的反感。我甚至见过孩子不肯叫自己的爸爸和妈妈,整天想念着爷爷和奶奶。父母亲那时又责怪老人家宠坏了孙儿。老人家吃力不讨好,其实是错在年轻的父母亲。

这种安排,对三方面都不好。对小孩子,把他那一段最重要的养育时期亏欠了。以后要亡羊补牢,也不一定补得来。对年轻的父母亲,平平白白地,把自己可以享受孩子们最宝贵的一段时光断送了。对老人家们,也是十分的不公道。他们辛辛苦苦地养育了年轻的一辈,到了一把年纪,还要再来操劳这小毛头,跟着他来回跑。如果再有一点身体上的问题,更是追得上气不接下气。辛苦了一番,可能还得挨抱怨。

照料孩子,肯定是父母亲的责任,年轻的父母亲们应该切记。趁着孩子们还小,父母亲多花一点时间给孩子,夫妻一同分担教养的重任。一方面让妻子也可以发挥她的本能,另一方面和孩子们建立沟通的渠道,还有自己也享受了温馨的天伦之乐。这是何等的美,何等的善。

第 **7** 章

安 全 感

看守家园

"耶和华神将那人安置在伊甸园,使他修理看守"(创世记 2:15)。这里圣经所用的第二个"安置"(nuch),是"安息"的意思。家,应该是个安息的地方。这世界有苦难,有斗争,有喧哗,有各种冷酷凶残的事。家,应该是个避难所,在其中可以得到片刻的温馨,宁静,安慰,扶持。男人在这方面,无可置疑的,是占据一个很重要的角色。

最近有个机会,我回到 60 年前到过的一个小乡村。那时,我大概只有 5、6 岁。但是那次的经历,却给我留下了一个很深刻的印象。那时正是抗日战争时期,我们一家来到福建一个偏僻的农村,条件不好,日军和美军的飞机又来轰炸。又是雨季,河水泡进房子里,停了电,附近的监狱也被炸坏了,犯人全部逃掉了。我爸爸在单位工作,还没有回家,我们这些小朋友,吓得慌作一团。这种光景,正是家庭最需要安全感的时候。爸爸终于回家了,大家才松了一口气。40 年之后,又有一次,我的家被小偷撬了。那一段时间,每逢晚上我需要去医院看病人时,一路上我心里总是七上八下的,为着我的家人担心,小时候的回忆不禁重现。

给孩子安全感

　　家庭需要有安全感，对孩子们的健全成长来说，这是个必需的条件。许多动物，一生下来就会自己到处爬，或是逃生，或是找吃的。只有人类这万物之灵，可能是生下来最无助的了，什么都要大人来照顾，没有大人照顾绝对是活不了的。

　　我喜欢种花。有时我还会在小塑料罐子里，培育小花种，这也是人生的一件惬意事。特别当小花种还很幼小时，我们不可以随便将它移来移去的。它需要生根建造，才能向上开花结果。一个花种，今天把它摇一摇，明天把它倒出来，后天堆上冰块，大后天浇上滚水，叫它如何能活？

07
安全感

077

　　我们曾经讨论过，孩子最重要的一段时间，可能是从出生到 6 岁。我们曾经提过，最重要的爱的联系，可能正是在那段时间里建立的。安全感也是如此。孩子在那个年纪，样样都还不大了解。稚龄的孩子有个最大的障碍，那就是言语的沟通。这种还不能沟通的婴孩，有不舒服时，一般以哭来表达，提供温馨和安全感，并且找出婴孩不舒服的原因，是父母亲的天职。有些人会说，婴孩哭的时候，该让他去哭，不要抱他，恐怕被宠坏了。其实小婴孩，如果没有不舒服的话，不会一直哭的。他还那么小，正是哑巴吃黄连有苦难言。大人如果不理他的话，他会有被遗弃的感觉。有些大人，更无理地以暴力来解决。在急诊室里，我更见过不少这种情形。婴孩哭个不停，大人就用力地摇他，结果婴孩

哭是不哭了，却也不醒人事了。检查之后发现是脑震荡，那时才真是后悔莫及！

我们对自己的孩子们，从小的时候，特别是婴孩的阶段，采取的态度就是宁可给他们多一点关怀，胜过冤枉了他们。当他们需要我们的时候，我们总是尽量地给他们。其实，那段时间并不长。孩子如果从小已经建立了安全感，他很快就会有独立性，不会整天黏住父母的。反之，那些在小的时候，得不到父母提供的温馨和安全感的人，一直都会没有安全感，待人接物也不知道如何做决定，更谈不上信任。自己建立了家庭后，更加不知道如何给自己的家庭提供任何的安全感，正是上一代的错误传递给下一代。这种从幼儿时候建立起来的错误，长大之后，无论怎样分析，都分析不出来个究竟的，那错误老早已经成为这人的个性了。

我们有一个孩子，在婴孩阶段，除了我们两人之外，谁都不能抱！那时我们两人都在诗班里事奉，需要男高音，就我唱，我太太指挥；需要女高音，就她唱，我指挥。背着婴孩，很难唱歌，所以只好交由那位指挥来背了。我想大家很少见到诗班指挥背着一个婴孩在指挥的！我们也顾不了旁人侧目，孩子的安全感对我们最重要。结果这孩子到了 3 岁，自己要求要一个房间睡觉，决定要做医生，且一生都没有改变过。她 18 岁就自己远渡美洲大陆，到 3000 英里外去独自生活。处事待人，人生计划，条条有理，面对不公平的事，敢说敢言，处处表现出她的把握。我们回头一看，觉得在她小的时候，我们给她的时间，一点都没有白费。

家庭的安全感

给孩子安全感,不仅是对他身体所有的接触,也是提供一个有安全感的环境。

第一,是有固定的住处。我大儿子小的时候,每逢我们出门回家,他总要先到他的房间看看,东西是否样样照旧,看后才放心。对 2、3 岁的小孩,他自己的一点点东西,有很大的意义。他的被子,他的玩具娃娃,他的床,连他附近的路,都给他有安全感。我们的另外一个孩子,在她还不过 2 岁多时,有一次主日早上,我被邀请到另外一间教会讲道,出了家门,一转上另外一条路,她立刻就问,"我们要到哪里去?"那时车子并没有婴儿或幼儿座,她只是坐在座椅上,真不知道她如何得知我们走了另外一条路。大概只是见到外面的电线和电灯杆有不同罢了。从此我们学会了,有不同的安排,事前必定先和孩子们交通清楚。可惜今天有很多大人,随意改变工作,并没有将孩子们的心境放在考虑中。

第二,是父母亲必须要在家。这一点,我们在讨论父亲需要定位的时候,已经指出来了。我再次强调,对一个孩子来说,全世界没有一位可以代替父母亲的。就算是有好的祖父母,或者是很有爱心的养父母,即使长大了,他的心中总还是会有个空间,是只有他的生身父母才可以填满的。

第三,是父母亲需要负责任。父母亲如果无所事事,让家庭的经济整天陷在危机里,孩子下一餐从哪儿来也不晓

得，孩子哪里会有安全感呢？我曾经遇到一位十几岁的孩子，他的父亲整天酗酒，家徒四壁，孩子常常要挨饿，几乎每天晚上都是哭泣着去睡觉。

第四，是家庭的气氛。有很多父母亲，人虽是在家的，也算是有供应，一家温饱不成问题，但是却或者心不在焉，或者宁可叫全家的人认为他不在。

我在行医的时候，有时观察一些母子的关系，觉得很有意思。一般的孩子都不喜欢到医生的诊所。但是有些孩子却是特别紧张，看医生一眼，就放声大哭，到处乱抓东西不放，抓住妈妈更是紧紧地死不放手，妈妈给搞得不知如何是好。有时妈妈会问我为什么这孩子这么紧张，我观察一下妈妈，就拿个镜子给她看。妈妈那一头乱发，紧张的眼神，手如钢条，嘴唇乱抖，正是那孩子一副紧张样子的返照。

生活在紧张的环境里，孩子自然是紧张的；生活在一个不讲话的环境里，孩子自然是噤若寒蝉；生活在一个吵吵闹闹的火药库里，孩子自然是个吵闹的人；生活在一个尖酸刻薄的批评的环境里，孩子自然没有一个健全的自我形象，并且学会了对事对人都专好批评；生活在一个彼此斗争的环境里，孩子自然是不知道何去何从，站在哪一边，一生也只知道要斗争，却不知道在斗什么。

相对地，生活在一个温馨的环境里，孩子就学会温馨；生活在一个鼓励的环境里，孩子就建立了一个积极的自我形象，并且学会欣赏别人；生活在一个善于沟通的环境里，孩子就学会如何与任何人谈话；生活在一个积极快乐的环

080

境里,孩子就会有一个喜乐的人生观;生活在一个彼此尊重的环境里,孩子就学会自爱爱人;生活在一个和睦的环境里,孩子就一生和善待人。

第 **8** 章

父亲 的 职守

男人当先

带给家庭成员安全感，最重要的一位，可能是父亲。男人生下来一般就是比女人强壮。这都在遗传基因里预定了。这强壮的体魄，不是用来压迫女性的，乃是用来保护他的妻儿。自古以来，一般都是男性在外工作，女性在内理家。这不是没有道理的，不一定是男女不平等或者歧视女性，主要是在乎功用的不同。照料孩子，虽然男人也有必需的一份，但是必定还是妈妈对孩子更有比较直接的影响和关系。

所以，就如上文所提到的例子，孩子们生下来，第一个环境，毕竟还是妈妈。妈妈心情不好，一定会反映到孩子身上的。妈妈烦躁，也会间接地叫孩子烦躁。特别是喂母乳时，妈妈的身心灵之健全，更是可以直接地影响孩子整个人。喂母乳时，妈妈服什么药，肯定会传递到孩子的。既然这样，那么男人的责任何在？且想一想，妈妈最重要的环境是谁？难道不是爸爸？一个蒙丈夫所爱的女人，她的表现总会是容光焕发的。就如圣经以弗所书 5 章 25～27 节所说，"你们作丈夫的，要爱你们的妻子，正如基督爱教会，为教会舍己。要用水藉着道，把教会洗净，成为圣

洁。可以献给自己,作个荣耀的教会,毫无玷污、皱纹等类的病,乃是圣洁没有瑕疵的。""荣耀"原文就是"发光"的意思。一个男人如果爱他的孩子的话,必定会爱自己的妻子。有话说,要爱你的孩子,一个方法就是爱他的妈妈。我曾经见过一位十分优秀的孩子,爸爸为他付上了极大的代价,好叫他可以进入少年班。只是爸爸妈妈是离了婚的。曾几何时,妈妈得癌症死了,孩子竟责怪爸爸害死了妈妈。一怒之下,什么课都不上,就是要把自己毁了,以此向爸爸报复。

再者,上述关于家庭要有安全感的必需要素,都是要求爸爸先执行的。圣经讲得很清楚,当神把男人安置在人类的第一个家时,女人还没有被造。所以,家要保持有安全感,男人毫无疑义地是需要负当先的责任。这话可能会让有些男人觉得压力好像很大。又要外,又要内,似乎承担不了,大叹男人难做。其实,按原先的设计,这责任应该是轻而易举的,关键是在乎神。

创世记2章15节的"安置"原文有两个动词是2章8节所没有的,第一个是"拿起来",第二个才是"安息"。可以直接翻译为,"神拿起那人,把他安置在……"原来男人要在家里可以有安息,需要先服在神大能的手下。这家,第一需要神来建立;再者,男人要先在这家里,服在神的手下。男人不能自以为是一家之主。其实,就如我们上文所说的,这样一来,人生反而十分地轻松。因为既然是神建立的,就也是神保守的了。男人在神里面,肯定了自己,认识了自我的价值和尊严,并且知道既然认定了创造主,祂就必指引前面的道路。

男人既有了神爱的生命,就有本能用神的爱去爱全家的人。爱不再是一个重担,乃是个本能。并且在危难当中,男人更可以带动全家的人,来到神的面前,求恩惠,蒙怜恤,作随时的帮助。这种镇静不是一般人可以有的。男人自己有了不能撼动的安全感,他才能带给全家不能撼动的安全感。

老板还是仆人

男人是一家之主,这观念好像是根深蒂固了。这种老板心理,社会上常以为是理所当然的,其产生的后果是:

1. 男人很容易以自我为中心,在家庭里处处以自己为最重要,因为他的事业,全家一定要围着他转。

2. 在家庭关系上,要求妻子体贴他,他却不一定同样体贴妻子。

3. 在工作上,一定要强过妻子。

4. 面子要紧,无论如何,总要保持一个大男人的形象。

5. 因此自己内心的痛苦,也没有可以诉说的对象。

自然,男人的天性和身体条件,当领导是比较合适的,这也是圣经所认同的。神造男女就是有基本上的不同,配搭起来就刚刚好。身材大一点,是否就是用来欺负人的?没有直接生孩子,是否就没有教养孩子的责任?男人是否就是要表现粗犷,不能温柔?作决定不能和妻儿商量?难

怪多少男人深陷泥沼之际家人才发现,在困难当中,他是那么地孤单无助。

修理

起初人被造时,家庭里第一个要负责的人,肯定是男人。很简单,女人还没有被造,神把男人安置在那温馨的家园时,给他的第一个任务就是"修理"。

即使是基督徒,也常常会有误会,以为修理是动手术一般的。所以有些丈夫对妻子会严严地压迫,样样要她百般顺服,没有自己的意见,没有自己的事业,只有支持丈夫的野心,也不能比丈夫出风头,要牺牲妻子的事业和行业。对于妻子,这自然是十分不公道的,也叫她一辈子郁郁不得志。对于孩子,则是绝对的极权手段,绝对的要求顺服,没有讨论的余地,动不动就是骂和打,因此就形成了反叛青年。到头来,老爸还是自食其果。

这种男人自己也是十分痛苦的,因为他必须整天摆出一个假面具来,表示他可以控制,内心却是十分孤单。因为家,就是要彼此扶持,互相沟通。担子一个人担,谁能受得了呢?

我们记得,既然是神把男人拿起来,安置在伊甸园,那创始成终的神,一定能够叫我们承担得起,忍受得住。正如保罗称赞腓立比的教会一般,"我深信那在你们心里动了善工的,必成全这工,直到耶稣基督的日子"(腓立比书 1:6)。

这样看来,这"修理"到底是什么意思呢?

修理不是修剪

身为神所交代的管家,男人需要对家人有启发、栽培、供应、辅导、安慰,好叫每一位家人的天分,都可以尽情地发挥。修剪带着伤害的味道。虽有人可能会指出,在修理的时候,特别是在果园里,好多时候,修理的人需要修剪掉一些不结果子的枝子,那不就是伤害吗? 但那是为了那棵树更好呀!

虽然如此,圣经也教导我们,"不可不管教孩童,你用杖打他,他必不至于死。你要用杖打他,就可以救他的灵魂免下阴间"(箴言 23:13~14)。管教孩童是应该的,虽然有些时候会带来一点痛苦。

圣经说,"凡管教的事,当时不觉得快乐,反觉得愁苦,后来却为那经练过的人,结出平安的果子,就是义"(希伯来书 12:11)。这痛苦,如果是在正常的管教之下,应该不仅会给被管教的孩子带来痛苦,也会给管教者带来痛苦,因为这是个爱的教育。连神自己在管教祂的儿女时,都有这样的感叹,"以法莲哪,我怎能舍弃你? 以色列啊,我怎能弃绝你? 我怎能使你如押玛? 怎能使你如洗扁? 我回心转意,我的怜爱大大发动"(何西阿书 11:8)。

可以用责打来管教孩子,前提是:第一,是不得已的;第二,不是大人的一种发泄;第三,需要管教后,用爱来弥补。

我们的孩子小的时候,有时也必须用打来教导他们,理

由是：

    1. 必须是违反了真理。

    2. 必须是曾经和他讲过的。

    3. 必须在私下打，不可以在大庭广众面前。

    4. 不可以没头没脑地打，绝对不可打要害，一般是打大腿和屁股。

    5. 打后一定要抱他回来，使他肯定你是爱他的。

修理不是压制

虽然圣经教导我们，男人是女人的头，又说妻子要顺服丈夫，但是也说丈夫要爱妻子，如同基督爱教会一样。在这个比方之下，是基督先爱教会，还是教会先顺服基督呢？自然是基督先爱教会啦。所以丈夫要赢得妻子的顺服，需要先爱妻子，为妻子舍己，样样为她着想。又说儿女要顺服父母亲，但是却没有要父母亲以高压政策叫儿女顺服。儿女生下来的时候，是那么的无助，完全要靠父母亲的。他的个性又是白纸一张，任由父母亲塑造。如果父母亲在教养的过程中是按照真理的话，儿女尊重父母亲的权柄，那是很自然的事，也是理所当然的。

父亲在家里，作神的管家，自然有他的权威和权柄。但这一切并不是自取的，乃是需要赢回来的。一个不自重、不自爱的父亲，虽然仍无理地要求他的儿女们尊重他，但其实他的尊严早已经被扫地出门了。

修理是服侍

在旧约圣经里，"avad"是个很常用的字，一般都是翻作"仆人"，用作动词，就是"服侍"的意思。这个词也可以翻译为"管家"。这话的意思是，第一，这个家不是属于这个男人的。主人乃是神。我们作丈夫的，只不过是管家而已。就如诗篇所说的，"儿女是耶和华所赐的产业，所怀的胎是祂所给的赏赐"（诗篇 127：3）。

圣经并没有说男人是一家之主。"因为我们没有带什么到世上来，也不能带什么去"（提摩太前书 6：7）。所以，我们并没有拥有我们的妻子或是我们的儿女。他们有他们的主权，是我们应该尊重的；他们有他们的价值，是我们应该欣赏的；他们有他们的本能，是他们应该发挥的；他们有他们的意见，是我们理当参考的。沟通不应该有障碍，有代沟。孩子们在家里，应该没有话不敢讲的。每一个人都应该直接向神负责任，向神交账。

第二，男人既然在体质和个性上，都比女人强，在家里就应该有个服侍的心态，而不是被服侍。自然，一般做比较重的工作，是男人的天职。我在家，因为本行是医生，所以连比较脏的事情，诸如死老鼠、臭牛奶、给孩子换尿布、整理院子里的垃圾，也自然而然地是我的责任。我没办法想像让女人去做这种事。

家，是必须同心同德去并肩推动的。这态度，根据圣经，还是需要男人主动地带头。可惜今天有多少男人，不但

要女人去推动他，好多时候自己还根本推而不动。

第三，既然是仆人，那就应该有个谦卑的态度。一方面，在家里不要自高自大。另一方面，做了一点事，也不要意气高昂。主耶稣告诉我们，一个仆人做了当作的事之后应该有的心态，"这样，你们作完了一切所吩咐的，只当说，我们是无用的仆人，所作的本是我们应分作的"（路加福音17：10）。

第四，关于儿女的养育，虽然主要是女人负了大部分的辛苦，但是男人肯定也有责任的。妻子怀孕，生产和产后的恢复时期，都是男人应该服侍的时候和机会。不少男人一方面喜欢和孩子玩，一方面又嫌孩子吵，自己要睡觉时，就一下子把孩子推给妻子。这种不负责任又不成熟的态度，实在令人怀疑这人成家和作父亲的资格。

其实，和孩子建立亲情，最重要的时刻，就是在他有需要的时候。在孩子不高兴，有问题的时候离弃他，肯定叫孩子对父亲没有信任感。过后要重建这关系，可不简单，也不容易。

最后，男人在家里有个服侍的心态，并不等于失去尊严，也不见得变成娘娘腔。家，如果带来多一点的男性的气息，更可以叫全家多一点安全感，稳定感。唯愿天下的男人、丈夫、父亲，都正视自己在家庭里这服侍的角色。

第 **9** 章

男人要看守家园

男人的天职

从起初人被造时,神就给了男人一个天职,那就是要看守他的家园。这话在创世记2章15节就讲明了。

"Shamar"这字,在希伯来原文有多方面的意思,但是都和"看守"有关。第一个意思,是用在军人看守家国的天职。先知以西结蒙神吩咐他,"耶和华的话临到我说,人子啊,你要告诉本国的子民说,我使刀剑临到哪一国,那一国的民从他们中间选立一人为守望的"(以西结书33:1~2)。又说,"人子啊,我照样立你作以色列家守望的人。所以你要听我口中的话,替我警戒他们"(以西结书33:7)。

一个守望家国城乡的军人,如果他不负责任,醉生梦死,离开本位,没有站稳他的职守,以致有敌人来临,他都不知道,也没有发出警告,以致危害家国,他的罪一定大到要被处死的。如果他竟然敌友不分,引狼入室,那更是卖国贼,要罪加一等了。

可惜,今天多少男人并没有重视他们这个天职。有些人不但没有重视,还火上浇油地带了危害家庭的东西进入家门,比如把各种不良不洁的书报、杂志、录像或者是网络上下载的东西,带进家里,不知不觉地毒害了儿女。或者有各种不良的习惯，不但害己，也是害了全家。吸烟、酗酒就是例子。大家都知道，吸二手烟的人，比一般人有双倍的可能性得肺癌。

有些父亲们还甚至将危险人物带进家里！我曾经遇到一位父亲，喜欢流连红灯区的酒吧间。有一次他酒后糊涂，竟然将一位潦倒街头的酒友，半夜带回家里，让他在地下室睡觉，完全没有想到对妻子儿女的危险。家里就有一位14岁的女儿，又长得金头发蓝眼睛，亭亭玉立，身材丰满。半夜妻子听到异样的声音，到地下室发现一个陌生男人，吓得快发神经病了！这种自然是极端糊涂的老爸了。

心有余而力不足

自然，上述的老爸，还是例外。一般的父亲，还是相当关心他的孩子们。这是理所当然的。不过，太多的时候，我们做父亲的人，常常会觉得有一点心有余而力不足的感觉。

我清楚记得自己有一次的经历，当时我们所住的湖心岛，是西雅图一个相当高级的住宅区，有不少专业人士住在那里。我刚刚从报上见到一件惨事：有一位侦探，是单亲，只有一个可爱的16岁儿子。可能是周末或是黄昏，爸爸不在，儿子在楼上睡觉，有贼撬进房子，儿子听见声音下楼，遇见贼，竟然被贼谋财害命。就在这新闻发生不久，我家也被贼撬了。当时我的大儿子已经在读研究院，经常是睡到下午1时才起床，我们一般也由他去。可是那天，贼就是趁着中午可能我们不在的时候来撬房子。还好，那天刚刚有人

从台湾来访问我们,妈妈早一点叫他起来,带他出去了。财物是身外之物,人平安就好了。不过,这真正叫我感叹,我们实在不能昼夜 24 小时看守我们的家。这是时间上的心有余而力不足。

还有一次,是另外一种的心有余而力不足。当我的孩子还小的时候,我身为家庭医生,其中一样重要的工作,就是接生。所以,常常要半夜上医院接生。有时候,我在开车去医院时心里想,妻子是女流,一个人在家和 4 个小孩子在睡觉。如果有贼闯进来,我不在场保护他们,那可怎么办?当时转念一想,就算我在,如果来一些人高马大的贼,我也无能为力,最多就是同归于尽。是的,我承认,这种心理可以说是相当消极的。但是,西雅图就是发生过不少这样的惨案。这种是力量上的心有余而力不足。

但是,父母亲们觉得最无助的,可能还是孩子们第一次要离家的时候。一般来说,自然是上大学的时候。现代的孩子,常常是初生牛犊不怕虎,想要出去自己闯天下,体验一下生活。但是,孩子都是父母亲的心头肉,这时难免心中如十五个吊桶打水,七上八下,担心得不得了。儿子倒也罢了,女儿就更叫父母放不下心来。

2006 年 1 月 25 日的《今日美国》(USA Today)报导:在美国的大学里,新生是最可能因为各种意外而死亡的。死因包括:忽然生病、意外事件、酒精中毒、滥用毒品、自杀等等。造成这种意外的原因有几个:

1. 这些孩子如同刚刚出笼的鸟,没有自律能力。

2. 在宿舍里，一般没有大人的监管，有问题的时候，多数是小孩子照顾小孩子。

3. 高班生折磨新生时，常常会很过分。

4. 有问题的时候，为了要顾全自己在宿舍的声誉，尽量自己处理，不告诉学校负责人，以至延误了适当的处理和治疗。

孩子们好不容易，养到十八、九岁，就这样冤枉地死了。身为父母者，在孩子刚刚进入大学就死去了，岂不是痛不欲生？

谁能看守？

圣经中的创造主给了我们责任，却也给了我们一些应许。诗篇127篇1节说，"若不是耶和华建造房屋，建造的人就枉然劳力；若不是耶和华看守城池，看守的人就枉然警醒。"

原来，虽然神把这执行的责任交给了男人，真正看守的却是神自己。诗篇121篇1～8节说：

"我要向山举目，我的帮助从何而来？我的帮助从造天地的耶和华而来。他必不叫你的脚摇动，保护你的必不打盹。保护以色列的，也不打盹，也不睡觉。保护你的是耶和华，耶和华在你右边荫庇你。白日，太阳必不伤你，夜间，月亮必不害你。耶和华要保护你，免受一切的灾害。他要保护你的性命。你出你入，耶和华要保护你，从今时直到永远。"

　　论权柄，祂是创造天地的主宰；论警觉，祂不像我们，祂从来不会疲倦。昼夜不分，时时刻刻，你出你入，有耶和华的保护，任何事物都不能侵犯我们。只是这里有一个条件，我们必须让耶和华来看守：

　　"耶和华的使者，在敬畏他的人四围安营，搭救他们"（诗篇 34:7）。敬畏神就是那个条件。作丈夫、父亲的人，自己先要敬畏神，然后要带领全家敬畏神。孩子们从小要教导他们自己敬畏神，随时随地祷告仰望神。这是我们从孩子们很小的时候就教导他们自己做的。

　　大女儿 8 岁的时候，有个小见证，叫我一辈子为她放心。那时她在公立学校读书，有一天她经过图书馆，见到一些大同学在玩一个东西，是一位老师给的。几个人手按住一块板问问题，板上的针会自己转动！这是个扶乩板，华人也有，在南方常常叫做碟仙，有时叫做钱仙，北方也叫做手神。这自然是交鬼的玩意了。大女儿听见他们大喊："动了！动了！"就走过去看看。谁知一看之下，那根针竟停了。同学们喧哗起来，大女儿就静静地走了。

　　原来大女儿在 4 岁的时候，已经祷告邀请了主耶稣基督进入她的心，作她个人的救主了。我不能 24 小时看着她，但是真理的圣灵却永远与她同在，无论她到哪里去，只要她住在主里，那恶者就无法害她。"我们知道凡从神生的，必不犯罪。从神生的，必保守自己，那恶者也就无法害他"（约翰一书 5:18）。

　　我的小女儿也有她自己不同的见证。她大学毕业之后，还没有进医学院，就先被哈佛大学请去工作半年。虽然是少年班，18岁就大学毕业了，但她毕竟从来没有出过门自己生活，一跑就跑到3000英里之外的波士顿。那时我刚刚放下了我的医疗职务，去波士顿读神学，原想或许可以同时照顾她一下。谁知到了波士顿，发现我的神学院和她的医学院距离相当远，只好不住在一起。

她和两位护士租了一栋房子，在哈佛医学院的医院工作。她自己料理生活起居还不在话下，只是从她住的地方到哈佛医学院，要经过一个公园，公园后面就是波士顿最猖狂的吸毒区，害得我天天都提心吊胆，打电话给她又不方便。那心境真是无能为力。

我这个女儿还好，从小就十分谨慎，做事有预算，有计划，也懂得自律。有些儿女如果是故意反叛或者糊里糊涂的话，父母亲更是落在一个无可奈何的光景里。

有一个周五，我与她快快地在电话里谈了一下，她就说要挂线，因为要走路回家！那时已经是晚上11点，那条路又是经过吸毒区的公园，她却一无挂虑地说，她曾经有更惊险的经历。

那个周末，一直到主日我把原因问清楚之后，我才放下心来。原来她曾经半夜2点骑自行车经过那个公园回家。就在公园外面，她的自行车的链子掉了，她就跪下祷告，求神差派天使来帮助她。祷告完了，竟然有一个黑人从公园的树林里走出来。问她说，"小姑娘，出什么事了？"听说是自行车的链子掉了，这黑人竟然拿出他的工具，将自行车修

好,扶我女儿上车,平安到家。我就学到一个功课:天使不一定是白的!有全能的神眷顾儿女们,我还怕什么呢?

男人要照顾小羊

"看守"这个词在旧约圣经里另外一个常用的意思是"看守羊群",或者说,作牧羊人。箴言 27 章 23～24 节说,"你要详细知道你羊群的景况,留心料理你的牛群。因为资财不能永有,冠冕岂能存到万代?"男人在家庭里,应该做个慈爱的牧者。第一,是要详细知道。第二,是要留心料理。原因是,资财和冠冕都不能永有或者永存。这责任主要是留心家人是否正常成长,是否尽情发挥恩赐,是否情绪稳定,心里快乐,彼此亲爱温馨,是否在学校有成就感,是否工作愉快满意。

详细知道

了解家里的成员是照顾家园的第一步。今天有不少男人,自以为是在为家庭着想,结果却招得家人怨声载道。原因是没有了解家人的景况。正是爱你反而害你!与妻子沟通需要了解;发挥儿女的潜能需要了解;家庭里的决定需要了解;关怀之先需要了解;沟通爱心更需要了解。

随着时间的变迁,每一个人都会改变的。生活习惯、身体状况、体力心力魄力、个人喜好、不同的才干,甚至衣着、口味、音乐、艺术等等,这一切可以随着不同的人生阶段,不断地改变。大人在渐渐地衰老,孩子们在渐渐地长大。医学上都告诉我们，我们全身的细胞，每7年就全换过新的。可惜随着年日的变迁，沟通可能出现障碍。本来以为十分了解的关系，也可能变成莫名其妙。腓立比书2章2节提到几个沟通的要素，"你们就要意念相同，爱心相同，有一样的心思，有一样的意念，使我的喜乐可以满足。"

1."意念相同"。原文是"想同样的东西"。沟通出问题，一个通病就是你讲东，我讲西，题目没有搞清楚。讲了大半天，才发现是搞错了，理会错了，但是鲁莽的话已经出口，感情也已经受伤了。

男人一般的问题，就是很容易主观鲁莽，对方一张口就自以为知道对方在讲什么。这种态度，特别是对妻儿，会很自然地出现。所以在沟通的时候，如果先停一停，了解一下所谈的题目是什么，个人对题目的定义又是什么，这就可以免去很多的误解。不分青红皂白地当头就骂，更是切断沟通的杀手。

2."爱心相同"。第一，当爱已经冲淡了的时候，以前以为可爱的，现在可能变成讨厌的了。没有保持，不知不觉地，爱已经渐渐地冲淡了，自己还不知道。是的，爱是需要不断地沟通出来的，因为从另外一方面来说，人是会变的，时和事也会变的，环境条件都会影响家庭里彼此的沟通。夫妻之间爱的表达，可以因为加上一个孩子而大有不同。孩子进入青春期之后，也有可能对父母亲爱的表达有不同的反应。正如哥林多前书13章11节所说，"我作孩子的时候，话语像孩子，心思像孩子，意念像孩子；既成了人，就把

孩子的事丢弃了。"孩子长大了,父亲对女儿就不再能够抱得太亲热,母亲对儿子也得要尊重他的私人空间。

3. "有一样的心思"。"心思"原文是"魂"。"魂"是很复杂的,包括我们的物质生命、个性才干、感情意志、成就、活着的价值等等,可以说是个人的价值观。每个人的价值观可以因为各种因素,而有不同或者变迁。没有保持了解的话,可能会导致沟通出现大障碍。

这里强调的,不一定是大家的价值观都要完全相同,乃是可以"待在一起"。"一样"一词原文的意思就是"待在一起"。一个交响乐团,如果都是小提琴的话,那就太单调了。各种不同的乐器,在指挥的带领之下,配合起来就是一首美丽的乐章。家庭里不同的价值观也需要协调起来。不过这并不是一个容易办到的事情。多数的时候是各执一词,坚持己见,彼此无法沟通。

4. "一样的意念"。原文的意思是"一样的想法"。一个人的想法可以受他的个性和背景所影响。要彼此了解和沟通,就需要先明白对方的想法。

我的妻子炒得一手好吃的米粉。有一回,大家都分了米粉之后,还有一些剩下的,自然是问每一位要不要再添。问到小女儿时,她说,"妈妈,我没有说你炒得不好吃!"这真是叫我们莫名其妙。原来她是比别人想快一步。她想:其实我是吃饱了,但是如果我说不要啦,妈妈可能以为我嫌她炒得不好,不如干脆说,"妈妈,我没有说你炒得不好吃。"这种不同的想法,在家庭里常常会引起不必要的误解,对孩子们也会引起不必要的冤枉。有事先详细知道，就可以避免这种沟通的障碍。

5. "喜乐"。让个人高兴的原因不同，也可以造成彼此沟通的障碍。我观察到，让年青人觉得无聊的一件事，就是陪父母亲和他们的朋友们聊天。大人们在谈笑风生，孩子就板着脸，那表情是："有什么好笑的！"相反的，孩子们彼此谈话，笑成一团，大人走过一问，回答总是说没事。再追问就说，"你不懂的啦。"勉强他们说出来，大人的反应多数会是，"这么幼稚，有什么好笑！"孩子们的回应是，"我不是早告诉你了吗？"

同情同感是谈话投机的一个要素。所以圣经说，"与喜乐的人要同乐，与哀哭的人要同哭"（罗马书 12：15）。

身为父母的人需要花时间和孩子们在一起，才能够了解他们的状况。基于上述的原因，做到这一点还是要付一点代价的。有些父母就干脆放弃掉，让儿女们自生自灭，自由发展。对儿女的心境、思想、状况、问题，全无了解。到了有大事发生的时候，才惊讶我的孩子为什么忽然间变了一个人！

留心料理

这句话的意思就是把你的心放在儿女们身上。看守羊群需要把心放上去，要陪着羊群经过旷野，饱受风霜，日以继夜地守望。不但是心思意念，也是感情投入。

主耶稣说，好牧人"既放出自己的羊来，就在前头走，羊

也跟着他,因为认得他的声音"(约翰福音 10:4)。身为人父者要以身作则,走在你的羊群的前面,了解到前途如何,羊才能跟着走上去。牧人又要一边走一边叫着羊的名,因为羊认得他的声音。

个别的关怀

从中东的牧羊人之杖,我们可以了解到,他们的牧羊人,起码有两个方法来料理他的羊。这杖一端是直的,另一端是弯的,各有不同的功用。

原来牧人的杖弯的那端是用来留意有没有一个小羊,独自离群溜到危险的地带。牧羊人见到,可以用这弯的一端将它勾回来。同样地,作父亲的人也应该给每一个孩子个别的时间。是单单给这孩子的,目的是不但给他一种特别的感觉,也是有一个机会可以很个别地聆听他的心声。

当孩子们多起来的时候,父母亲很容易忽略了这个或那个。一个普通的现象是,第二个孩子生下来的时候,老大就被忽略了。这孩子只知道,在家里我本来是天之骄子,爸爸妈妈爱的中心点。现在来了这个小家伙,我忽然被冷落了!一方面,老大可能忽然间退步成个小婴孩。本来话讲得好好的,忽然又讲婴孩话了;本来可以自己上厕所,现在又要用尿布了;本来可以自己吃东西,现在又要爸爸喂了。这一切都是在心理上要和小弟妹竞争,赢回父母亲的关怀和爱。

有些时候,老大甚至会嫉妒小弟妹,希望把他除掉!曾经有一对父母就对我说,大儿子想要把小弟弟放在洗衣机里去洗!所以在小弟弟出生之前,父母亲应该为哥哥姐姐作心理准备,不断地告诉他要生的小弟妹是他的弟妹,我们要一同地照顾他。在家庭灵修的时候,大家一同为他按手祷告。弟妹生下来之后,妈妈在忙着照料新婴孩,正是爸爸和老大建立个别关系的好机会。换一个角色,我们如果去探望一个新生的婴孩,总要也带一个小礼物给那位大的孩子。

另外一个可能被忽略了的孩子,是中间的孩子。父母亲很容易特别关心最大的和最小的,在中间的孩子,如果安安静静的,就很容易被忽略了。如果这孩子特别是乖乖的,就可能造成自卑感,到了青少年,也可能忽然反叛起来,因为他可能觉得父母亲不爱他。如果是好动的,也有可能变得很调皮,喜欢干扰别人,其实是想要得到他应该得而得不到的关心和注意。这种被忽略了的孩子,长大起来更会不认识自己,一生茫茫然不知道如何是好。

对孩子们个别的关心,不一定个个都是一样的。但我们可以因人而异,如果按照每个孩子的个性和生活习惯来处理,事情并不一定是那么困难。

前面提过我的大女儿的第一个约会,是跟我在一间法国餐馆吃饭。那个黄昏她处理得十分大方,真是仪态万千。这是教导她长大了如何与异性交往。小女儿所学的又是另外一样。她从小就是早起的人,主日早晨在接我父母去教会之前,我总要先去医院探视我的病人。我看见她早起无聊,就带她一起到医院,在医院的餐厅吃早餐。因此她从小

就对医疗环境有一点认识。

我们在路上也有了一些沟通的时间。起初我问她长大了要进哪个行业,她的回答是护士。这自然是个好职业,但是因为我的本行是医生,我问她是否有考虑做医生。她的回答是,女孩子总是做护士的。我也不知道她这观念是从哪里来的。不知道是否那时在电视上的医生多数是男的,护士多数是女的。

直到有一天,我们要从一间医院的急诊室出来的时候,刚刚有一位女医生要进医院看病人。我给她们两人彼此介绍了之后,对女儿说,"这不是一位女医生吗?"从那一天开始,她就决定要做医生。那时她只有 3 岁多。这志愿一直没有改过。如今她已经从哈佛大学拿到医学和生化的双博士,在加州开业行医。最近我问她关于那次的事,她说记忆模糊,只记得有一双胖胖的腿从高高的门走进来。就是这双胖胖的腿,叫我女儿 3 岁定终身,做了医生!

从建造亲情方面来说,给孩子们个别的时间,可以在他们的生命里,留下很深刻的印象。我的小儿子比哥哥小 10 岁,比小姐姐小 6 岁。他在幼儿的时候,自然哥哥姐姐们都已上学了,并且哥哥已经是在读研究院了,两位姐姐也在读高中。我自己开业时,决定每周四不开诊,小儿子就是一个原因。每周四我到医院开了会,回诊所处理一些文件之后,就回家带着这小毛头去逛公园、动物园、科技博物馆、水族馆、太空馆等。逛完一起吃个中饭,回家睡个觉,起来一同看电视。真是乐也融融,我也偷了浮生半日闲。他青少年的时候,有一次偶然听到他在讲亲子关系,提到那时的心境,他觉得很自豪,爸爸给他这样的个人时间。

长子(长女)的关怀

牧羊人之杖直的那一端也有它特别的用处。羊是群性的动物,带头的羊走错路时,全群羊都有可能会跟着它走。那时,牧羊人就要用那直的一端,轻轻地敲它的蹄,叫它回到正路,免得全群羊都跟着它进入危险。

一个家庭的长子长女之教育,是十分关键的。就如我上文提过,有不少现代家庭,把最大的孩子一生下来就送出去,不是送去祖父母那里,就是送去托儿所,或是请个佣人来照顾。那最重要的建立亲情的时间,完全错过了。父母亲和这大孩子的关系不好,是自然的了。这大孩子还可以成为一个坏榜样,叫弟弟妹妹跟着学。这种光景我们见过不少。

不过我们在这里要提醒一件事。虽然我们用羊来比喻,我们却不是说对长子长女要特别严格。有些人的错觉就是长子长女需要严严地管教,动不动就打。有了弟弟妹妹之后,更是常常对他们有特别的要求。原因是大的要让给小的。这种不公道的处理,最容易引起孩子的忿忿不平,是青少年反叛的一个重要起因。长子长女要特别用心教导,更是需要了解、沟通和爱的教育。这样,不但这孩子自己受益,他也学会用同样的方法,来帮助父母教导弟弟妹妹。从整体来看,可以叫父母亲更加省时省力。投资在大

的孩子身上，一点都不是白费时间的。

我的妻子怀我们的小儿子时，最后那 2、3 个月，她都需要卧床，因为子宫颈提早开了。我这老爸要三餐回家煮饭，自然是理所当然的了。9 岁的大哥哥也帮忙吸尘，帮妹妹们洗头，带给我们不少的安慰。小儿子 10 来岁以前，哥哥还在家时，哥哥是他最好的朋友。两兄弟交谈起来，就是数个钟头。小弟从哥哥那里，学了不少东西。

好牧人是我们的榜样

男人照顾自己的小羊，那标准从哪里来？原来我们在神面前，也是祂的羊。所以这位大牧者就是我们的标准。祂就是我们的好牧人。诗篇 23 篇说：

"耶和华是我的牧者，我必不至缺乏。祂使我躺卧在青草地上，领我在可安歇的水边。祂使我的灵魂苏醒，为自己的名引导我走义路。我虽然行过死荫的幽谷，也不怕遭害，因为你与我同在，你的杖，你的竿，都安慰我。在我敌人面前，你为我摆设筵席。你用油膏了我的头，使我的福杯满溢。我一生一世必有恩惠慈爱随着我，我且要住在耶和华的殿中，直到永远。"

好牧人需要对羊群有供应；好牧人给羊群一个安息的环境；好牧人会不断地提醒羊群走正路；好牧人有能力保护羊群；好牧人的同在给羊群有安全感；好牧人是羊群的祝福；好牧人带领羊群一生一世都在最安全蒙福的地方，那就是永生神的怀抱里。

第 10 章

男人要看守神言 上

看守神的话语

"看守"(shamar)一词希伯来原文另一个常用的意思是"遵守神的话语",有时也翻作"小心"。总体上可以说是小心看守、遵守神的话语。原来男人如果要完成他看守家园的使命,秘诀在乎要小心看守、遵守神的话语。创造者既然是创造男人的主宰,也是设计和建立家庭的那一位。

1. 创造主自然知道什么是对家庭好,什么是对家庭不好。祂知道谁是家庭的第一号仇敌,它会用什么样的攻势来攻击家庭,我们可以用什么方法来提防、抵挡它。

2. 创造主也自然知道,在积极方面男人应该留意去行的是什么,什么是正常的成长状态,哪里有需要补救的地方,什么是重要的,什么是次要的,什么是要抓紧时机立刻做的,什么是要等候时机成熟才做的。

3. 神的话语也告诉我们家庭里彼此之间的关系应该如何,家庭和外面的大环境之关系应该如何,核心家庭和延伸家庭之间的关系又是如何。

这一切,创造主都在祂所赐给我们的说明书里讲明了,那就是圣经。所以男人需要熟读圣经的话语,明白圣经的原则,细察圣经里面的榜样,绝对遵从圣经的命令,晓得圣经的应许。这样,承担看守家园的重任,就会变成轻松愉快,驾轻就熟了。按照神的计划,万事一定水到渠成。在神真理的范围里,一家人肯定安稳有保护。靠着神的大能,也没有什么难成的事。

个人灵修

认识神的话语,最重要的一个操练,可能就是个人灵修。时下有不少的属灵书籍,可以帮助我们进行个人灵修,教会或者基督教书店都可以帮助我们拣选这些书籍。不过最简单的,可能就是跟着圣经的次序来读,系统性的从创世记一直读到启示录。这样灵修的内容,初看起来,可能会觉得有一点困难。主要原因是:一般初信主的人,会有一点障碍,觉得自己读一定是不明白的。这只不过是一种错觉。其实我们每当接触到一本新书的时候,总要先了解一下书里面的故事、人物、地点等等。一般人对圣经的第一个头痛,多数是那些名字,读起来都很困难,一下子就失去了兴趣。先胜过了这心理上的障碍,事情就容易多了。

神与人的关系

虽然圣经里的名字,好多都是有特别的意思的,但是在对整本圣经还没有了解之先,就先把他们当作就是名字罢了。第一件事还是先把故事搞清楚了。按照圣经的次序,圣经的前4卷(创世记、出埃及记、利未记、民数记)就是讲故事。这故事是论到世界的起头,人类历史的开始,和创造

主如何与人沟通、拣选、立约。从中我们可以认识到人的价值和尊严,家庭的理想模式应如何,人际关系应如何,以及我们蒙福的途径和人生重要的应该注意的事项。这些诫命都总结在第 5 卷书里:申命记。历史书基本上也是在讲故事,不仅是个人对神的回应,也是整个民族道路的选择。有人或者会问,"为什么我需要对以色列民族的历史有兴趣?"原因是神透过祂与这被拣选的民族之间的关系,来彰显祂的大能和恩典。只因在他们的列祖里,有人肯专心信靠神,神的恩典就世世代代地临到他们。

创造主的属性

摩西五经和历史书再三地描写了神的属性。祂是独一的创造主,生命和能力的源头、主宰。祂是大能的、全能的、永恒的、至高的万军之主,大能的王,和平的君,我们的旌旗、圣者、磐石,爱我们的好牧人、众人之父,等等。

神给人的命令

正如任何一件机械都有个工厂的说明书,里面讲明该做的和不该做的。这些禁戒并不是要限制我们,乃是要我们可以尽情地发挥机械的功能,并且避免损害了机械本身。这是理所当然的。同样地,创造主也有一些命令,为的是要保护我们,叫我们个人的生命理想、家庭幸福、儿女的天分,也可以尽情愉快地发挥。身为人父者清楚神给我们的命令,不但教养儿女可以事半功倍,轻松愉快,并且可以预防许多的问题,免去不少不必要的麻烦。

人对神的回应

除了在摩西五经和历史书里提到人对神的回应及其后果,智慧书(约伯记、诗篇、箴言、传道书和雅歌)更加反映出人对神的心声。诗篇是我们祷告最好的模式,先知书则是指责人对神的漠视,神苦心的呼唤和审判的宣告。在这一切之中,神却叫人可以绝路逢生,预言了救恩的道路和救主耶稣基督的降生。

救恩的完成

新约圣经在四福音里叙述了主耶稣的生平,从不同的角度说明祂是神所应许要来临的君王,完成神旨意的圣仆,与我们完全认同的人子,神圣洁无瑕的羔羊。祂的一生证明祂是完全的神,也是完全的人。祂的复活证明祂实在是神的儿子。使徒行传活泼地证明,信靠祂的人,诚然有神迹奇事随着他们。书信里更是从各方面阐明,靠着主耶稣,我们所失去的美好的生命,可以重新整顿起来。我们如果全家信主,在永恒里我们还要永远在一起,免去启示录所预言的最后之审判。

为人父者,岂可以对这些基本的真理一无了解。越早知道和明白就越蒙福。更好的是,每一位男人在还没有结婚之前,就已清楚这一切的真理。这样,他所建立的家园才是根基稳妥的;夫妻之间的关系,从开始就建立在神的爱

里;孩子一生下来就带领他走当行的路。人生不必走冤枉路,家里少一点遗憾的事情,彼此也避免了一些伤害。

论到看守者的责任,旧约圣经有这样的警告,"人子啊,我照样立你作以色列家守望的人。所以,你要听我口中的话,替我警戒他们。我对恶人说,恶人哪,你必要死。你以西结若不开口警戒恶人,使他离开所行的道,这恶人必死在罪孽之中,我却要向你讨他丧命的罪"(以西结书 33:7~8)。

第 **11** 章

男人要看守神言 中

男人要开口

一般男人在家里的失职，最通常的表现就是不开口。无可厚非，男人一般就是比女人话少。再加上传统都说男在外，女在内，家里的事，特别是关于教养的事，男人一般都认为是妻子的责任。工作了一天，回到家里都不想被儿女的事干扰了。我们也得承认，一般女人确实是比较多话，在生理上女人讲话又比男人快。所以家里的沟通，不少已经到了末期的"腹膜炎"（谐音"夫莫言"）。在这方面，特别是个性温和的好好先生，反正每回有事情，最终只有太太对，没有自己对，索性来个耳根清静，让她去讲个痛快。还以为这是息事宁人，家和万事兴，作个好人。谁知常常是不负责任，没有看守家园。

有时候是真理的问题，妻子讲错了，丈夫并没有耐心地更正她，让她将错就错，一错到底。这一方面对妻子本身不好，另一方面，当涉及教养儿女时，更是任凭儿女步上迷途。另有些时候是妻子脾气暴躁，虽然没有错，但是造成家里的气氛整天不愉快。丈夫如果是个沉默寡言的人，没有为保护孩子们，尝试把气氛缓和一下，或者大胆地提醒妻子一下，儿女在长大的过程就会有反叛行为，妈妈的暴躁个性自

114

然有罪，爸爸的闭口失职也是罪无可逃的。这种情形我们也看过不少。

亚当的错误

创世记第3章讲到人类起初犯罪的事，一般都是责怪夏娃，还连累了亚当。当神责问亚当时，亚当也是归罪于夏娃。历代以来，家里有问题，男人还是一下子归罪于女人。仔细研读一下创世记3章1～6节就可以让我们了解，其实两个人都有错，但是亚当的错在哪里呢？圣经如此记载，"耶和华神所造的，惟有蛇比田野一切的活物更狡猾。蛇对女人说，神岂是真说，不许你们吃园中所有树上的果子吗？女人对蛇说，园中树上的果子我们可以吃，惟有园当中那棵树上的果子，神曾说，你们不可吃，也不可摸，免得你们死。蛇对女人说，你们不一定死，因为神知道，你们吃的日子眼睛就明亮了，你们便如神能知道善恶。于是女人见那棵树的果子好作食物，也悦人的眼目，且是可喜爱的，能使人有智慧，就摘下果子来吃了，又给她丈夫，她丈夫也吃了。"

一般人读这段话都以为是只有夏娃自己和撒但说话。其实原文在本段最后一句话里："又给她丈夫"，有一个字是和合本没有翻出来的，那就是"yimah"，这字多数的英文版翻作"Who was with her"。表明当撒但与夏娃对话的时候，亚当是站在她旁边的。现在有些中文的新译本也有把这句话翻出来的。我们有了这资料，再看看亚当在这整个过程里，到底做了什么事？

谁该回答？

请注意，撒但开口就对女人说话，大概知道女人就是多话。所以箴言警告我们，"多言多语难免有过，禁止嘴唇是有智慧"（箴言 10：19）。撒但对女人说，"神岂是真说"，它在考验夏娃对神的话语之认识。撒但的第一步是叫人对神的话语起了疑问。它很聪明，开始并没有说神讲得不对。换句话说，表面上它并没有挑战神的话。但是接着的话却是十分诡诈：

"不许你们吃园中所有树上的果子吗？"

明明伊甸园里的果子就是要作亚当和夏娃的食物。不然他们要吃什么？神在创世记中就讲明了，"神说，看哪，我将遍地上一切结种子的菜蔬，和一切树上所结有核的果子，全赐给你们作食物"（创世记 1：29）。

事实上关于伊甸园里的果子，神还特别地强调，"耶和华神吩咐他说，园中各样树上的果子，你可以随意吃"（创世记 2：16）。

这种以矫枉过正的方式歪曲神的话语，直到如今还是撒但常用的方法。保罗特别地警告提摩太要留心这种撒但的差役，"圣灵明说，在后来的时候，必有人离弃真道，听从那引诱人的邪灵，和鬼魔的道理。这是因为说谎之人的假冒，这等人的良心，如同被热铁烙惯了一般。他们禁止嫁娶，又禁戒食物，就是神所造叫那信而明白真道的人，感谢着领受的"（提摩太前书 4：1～3）。

神真正给人类的禁戒是，"只是分别善恶树上的果子，你不可吃，因为你吃的日子必定死"（创世记2:17）。

诚然，是夏娃抢着回答！自然，女人可以说：蛇是在问我呀。但是我们要记得，当神给人类这个禁令的时候，夏娃还没有被造，明显这命令是给亚当的。自然，连带着，夏娃也是应该遵守这命令的。既然夏娃是间接的，她就应该把问题转给亚当，她却抢着先回答，这是女人的错。

男人的问题是亚当既然在场，为什么他不出声？这诫命既然是神先告诉了男人的，他理当主动地告诉撒但：这命令神首先是告诉我的，你为什么不问我？身为一家之主，在属灵的事上他应该主动带头。他的闭口不言明显证明他的不负责任。不该说话时多言多语，自然是不对。但是该说话的时候，避重就轻或是不开口，也是逃避责任。

圣经说，"此时你若闭口不言，犹大人必从别处得解脱，蒙拯救，你和你父家，必至灭亡"（以斯帖记4:14）。

教导儿女人生大事和属灵的原则是父亲的天职。家庭面对挑战的时候，更是男人大丈夫挺身而出，大胆地说明神话语的原则的机会。在这种情形之下，闭口不言不是做个好好先生，乃是懦弱无能。

谁该更正？

女人对撒但的回答，可以说基本上是正确的，"园中树上的果子我们可以吃，惟有园当中那棵树上的果子，神曾说，你们不可吃，也不可摸，免得你们死"（创世记3:2~3）。

有人说夏娃的错误在乎加上了一些神没有说的话，就如"也不可摸，免得你们死"，因为这两句话加强了神的原意。夏娃的错误还在乎"园当中那棵树"这句话。创世记2章9节明说，"园子当中又有生命树和分别善恶的树"，神叫他们不可以吃的果子是分别善恶树。自然，生命树的果子是可以吃的，并且明显是要他们吃的，所以把它放在园子的当中。夏娃所提不可吃的明明是分别善恶树的果子。

请注意，亚当和夏娃到了那时候都还没有吃生命树的果子。反而莫名其妙地，从夏娃的观点，园子当中的树变成是分别善恶树了！这表明她的注意力已经转移了。在她的世界中，这棵神明说不可以吃的树，已经变成非要不可的了。其实我们的人生里非要不可的，只有一样，就是神自己——我们生命和能力的源头。有了神，我们就有了一切。这是夏娃的错误。问题是，亚当既然站在她身旁，为什么没有更正夏娃的错误？

这里或者有两个可能性。第一，男人有时候要息事宁人，为了避免和妻子争吵，妻子讲了一点无伤大雅的错误，那也算了。谁知这一点点的差别，却成为影响整体的大前提。因为这是真理的问题。可惜多少男人就是如此：重要的原则不会抓紧，意气之争却要坚持到底。正是"蠓虫你们就滤出来，骆驼你们倒吞下去"（马太福音23：24）。第二，是否可能亚当跟夏娃是同一个心态？他的人生中心也已经转移了，这棵树也变成他昼夜所思、梦寐所求的东西了？

撒但自然是极其聪明的，圣经说它比田野一切的活物

118

更狡猾。它一下子就看出他们内心的态度，随之就对神的话语提出一个用心很恶毒的疑问：就是神是否要用愚民政策来管理人类？为了支持它恶毒的疑问，撒但竟然撒谎，胡说那棵树果子的功用。把一个致命的毒果描写得如此的有吸引力。

其实，"眼睛明亮了"只不过是看见自己和彼此的软弱与丑陋，因为他们所披戴的神之荣耀离开了他们。被造者怎能与创造主相同，怎能自己决定善与恶的标准？这都是撒但自己的梦想，也是它的罪。归根到底是以自我为中心。当一个家庭都敬畏基督的时候，就可以彼此顺服了，不会彼此相争。

谁在看？

夏娃一看之下，竟然把这个毒果看成多姿多彩，有四方面的好处，"好作食物，也悦人的眼目，且是可喜爱的，能使人有智慧。"其实这一切在生命树的果子里都是可以得到的。只有在神的生命之供应里，人类才能得到满足，拥有真善美和智慧的人生。

但是这里有个问题："于是女人见那棵树的果子"。夏娃如果不是站在分别善恶树跟前，怎么会看见那果子？如此延伸地，亚当也是站在那棵树面前了。叫你不要吃的果子，你偏偏要站在它面前干什么？

不过女人喜欢看倒是个事实。曾经陪女朋友、太太或者是女儿去逛百货公司的男人就知道那个滋味。不过这里

所看的却是遗恨千古的毒果。亚当是否可以一把将她拉走说,别看啦! 当夏娃伸手去摘果子的时候,亚当有否一把抓住她的手? 当夏娃要吃下那果子的时候,亚当有否一把将果子打掉? 这一切亚当都没有做。他反而冷眼旁观,最后自己也吃了。亚当是否在等候看看夏娃吃了有什么反应? 他是否真是这么狠心? 我们不知道。但是亚当不负责任,那却是肯定的了。

第 12 章

男人要看守神言 下

家庭祭坛

创世记所记载的先祖们,都有个敬虔的榜样,那也是他们得力和得帮助的途径。那就是筑祭坛呼求神的名。因为"耶和华的名,是坚固台,义人奔入,便得安稳"(箴言 18:10)。所以亚伯拉罕一到了迦南地,第一件事就是为耶和华筑坛,"他在那里又为耶和华筑了一座坛,求告耶和华的名"(创世记 12:8)。雅各在危难中也是如此:

"雅各就对他家中的人,并一切与他同在的人说,你们要除掉你们中间的外邦神,也要自洁,更换衣裳。我们要起来,上伯特利去。在那里我要筑一座坛给神,就是在我遭难的日子,应允我的祷告,在我行的路上保佑我的那位。他们就把外邦人的神像和他们耳朵上的环子,交给雅各。雅各都藏在示剑那里的橡树底下。他们便起行前往,神使那周围城邑的人都甚惊惧,就不追赶雅各的众子了"(创世记 35:2~5)。

这家庭祭坛,无可例外的,都是一家之主的男人在带头。今天每个属神的家庭都应该有个家庭祭坛,那就是每天黄昏全家在一起的家庭灵修。这是每一个家庭不可少的一件大事,对决定家庭道路的方向,家庭蒙神的保守,教养儿女的机会，记念全家的需要，促进全家的沟通，全家的彼此了解，以及同心记念神国度的工作，等等，都是在家庭灵修里可以达到的。而圣经的原则是一家之主的男人需要带领这个重要的敬拜。

家庭灵修要温馨

有不少父亲用心良好，留意执行家庭灵修，结果却引起了儿女的反感。我曾经见过有十分敬虔的父亲，却招致全体孩子们一致通过要求停止家庭灵修！好冤枉呀！这里的原因最主要的就是不温馨。创世记3章8节常常被误解了，"天起了凉风，耶和华神在园中行走。那人和他妻子听见神的声音，就藏在园里的树木中，躲避耶和华神的面。"有一些传统的图画，把这一场景描绘成一个黑云密布、狂风暴雨的可怕光景。因为人犯罪了，神在发怒！其实那时的世界，并没有风雨的，"但有雾气从地上腾，滋润遍地"（创世记2：6）。

"天起了凉风"英文版多数翻作"In the cool of the day"，那就是黄昏的时刻，一天比较凉爽的时候，从一天的劳碌中休息下来，露水出现，万物得到滋润的温馨时刻。"耶和华神在园中行走"，原文是散步的意思。在这甜蜜温馨的时刻，慈爱的天父要和他所爱的儿女们有温馨的沟通。这是家庭灵修的榜样。但是当时人类所犯的罪叫人类自己心里有鬼，反而因害怕而躲避神的面。只是神慈爱的声音还是在呼召说，"你在哪里?"今天家庭灵修也需要恢复到温

馨的气氛。

我们在家里进行家庭灵修,多数是在黄昏时分。当孩子们小的时候,最小的孩子要睡觉前,我们全家在我们的床上拥抱在一起。引用我的小儿子在讲座里所说的,"我们4个孩子不是规规矩矩地一个半圆圈坐在爸爸面前,更可能的是一个半圆圈堆在爸爸的身上。"这样的气氛叫孩子们一生难忘,也叫他们轻松不紧张,哪有孩子们不喜欢的!幼儿自然不在话下,对和父母的关系还可以的青少年来说,也是一个享受。但是父母亲却不可以利用那个时间来教训儿女,这段时间一定不是讲道的时候!

家庭灵修要有神的话语

教养儿女一个大忌就是父母亲自命为权威,要儿女们绝对地听话顺从。其实我们所知道的有限,经历的也有限。我们若是强词夺理,一意孤行,孩子们小的时候,或者单纯地听话,或者勉强忍着,阳奉阴违。这两个情形都有可能让孩子到了青少年变得反叛起来。我的小儿子见证说,"在我们家里只有一个绝对的标准,那就是创造主神的话语,是全家一同要遵守的。"这才是叫全家的孩子们都口服心服地遵守真理的原则。从小每天都教导孩子们神的话语,就是到老他们也不会偏离。正像从小打了预防针,因为对神的话语早已经有了认识,在人生的道路上,无论遇到什么困境,都已经心里有数,早做准备。正是兵来将挡,水来土掩,有备无患,省了不少的麻烦。

有人可能会说家庭灵修的读经，要跟从哪一个系统？其实圣经本身的系统有什么不好？就如我们上文讨论到个人灵修一样，圣经文本的系统是有原则的，叫我们对神的话语有个连贯性的认识，才不会断章取义，把圣经解释得莫名其妙，始末不清。另外一个问题是恐怕孩子们听不懂圣经的话。有个办法就是把圣经的话口语化，叫孩子们听得懂。孩子们会看书之后，或者用拼音的圣经，让他们同时可以学一点中文。或者挑一本儿童版的当地文字圣经，同时诵读。这都是我们孩子们小的时候我们和他们所做的。再者，跟着圣经的次序读下去，特别在旧约里，总会有些经文连大人都觉得困难的。如何是好？很简单，从容地读下去，按照字面你懂得多少就解释多少。如果你是刚刚开始的话，也可以先从新约读起。读经前有个简单的开始祷告更是个好方法，可以求主开我们的心窍能够明白圣经。这祷告在我们家是每个人轮流作的。

家庭灵修要有彼此的沟通

读完神的话语，我们就根据那段话有分享和讨论。其实那段时间正是孩子们讲出他们心声的时候。所以除非孩子们问起来，大人最好是不要讲太多话。孩子有问题，应该就事论事，简单扼要地根据圣经文本回答，千万不要借题发挥，长篇大论地教训他们一顿！这种家庭灵修，孩子们一定是避之三舍。孩子们关于本段经文有意见的时候，一定要细细地听，不可取笑也不可严责，更不要抢着讲。孩子有不

清楚的地方,更要耐心地用启发的方式来教导他。你帮助他自己理解出来的真理,他一辈子都不会忘记的。

除了本段经文的话之外,我们也常常延伸到当天的生活事情,甚至谈天说地,天文地理、科学常识、人际关系等等,真是无所不谈。如果孩子们知道得比我多,那我也学到一点东西。如果他不懂我也不懂,我就叫他去看百科全书,再回来告诉我,或者改天去找参考书或是向懂得的人求教。

有一些事情,比如我的大儿子 8 岁时有人在学校拿大麻烟给他,大女儿也是 8 岁时在学校打断同学的交鬼游戏,小女儿也是 8 岁时第一次带她的同学信主,这些都是孩子们在家庭灵修的时候告诉我们的。这段温馨的时刻,对我们一家的沟通,真是有说不尽的好处。现在他们都长大了,是轮到他们与他们自己的孩子们进行家庭灵修了,我们也不再能与他们做家庭灵修了。但这一切的回忆还是历历在目,如在昨天。

家庭灵修要向神倾诉

家庭灵修的最后一件事就是祷告。每一个人都有机会。孩子们还不会讲话的时候,就握住他的小手替他讲,慢慢地教他在祷告后说阿们。会讲话之后就教他们做简单的祷告,起初可能要先讲给他,让他跟着学祷告,以后就让他自己讲。其中一个重要的祷告,就是接受主耶稣基督为个人的救主。我们的孩子们都是在 3 岁至 4 岁之间接受主的,也都是在家庭灵修的时候接受的。虽然我们在他们成长的过程中，还得要不断地跟他们温习，但是我们很清楚地看到，神是接纳他们的祷告的。

我们祷告的内容不单是自己，也针对全家或其他人，包括各人面对的道路之选择、挑战、困难、身体上的问题、灵性上的跌倒等等。孩子们可以提出自己的问题，父母亲也可以提出来，让孩子们了解父母亲也有软弱问题，也需要神的帮助。代祷的范围也延伸到祖父祖母、伯叔姑姑、舅舅阿姨、教会的牧师长老、众同工、我们所支持的宣教士，以及神国度里各处的工作和我们所知道任何有需要的人。祷告的次序是从最小的开始，好叫他祷告完了要睡着就睡着。

这温馨的家庭灵修是每个家庭每天不可少的！

第 13 章

男人 要 尊重妻子

圣经的教导

"耶和华神说，那人独居不好，我要为他造一个配偶帮助他。……因此，人要离开父母，与妻子连合，二人成为一体"（创世记 2：18，24）。

这个世界，无论是哪一个地方，到如今重男轻女还是一般的现象。这观念特别明显地体现在所谓女儿嫁出去是人家的，媳妇娶进来是自己的。这个观念在华人当中自然是最肯定的。圣经中，家庭里男人应当带头作主，那自然是清楚的原则。我们上文所提到的各样男人应尽的本分、定位、服侍、看守、保护等等，都和男人的基本条件有关。正如彼得所说，"你们作丈夫的，也要按情理和妻子同住，因她比你软弱，与你一同承受生命之恩的，所以要敬重她。这样，便叫你们的祷告没有阻碍"（彼得前书 3：7）。

当神起初造家庭的时候，也是先有了男人，才有女人的。所以圣经里除了特别的情形之外，名分也是由儿子来承当。但是重男轻女并非圣经的原则，那只是功用和责任上的不同而已。正如保罗所说，"然而照主的安排，女也不是无男，男也不是无女。因为女人原是由男人而出，男人也是由女人而出，但万有都是出乎神"（哥林多前书 11：11～

12）。

尊重妻子的价值

这个世界，在进化论的弱肉强食、适者生存的强词夺理的口号下，男人欺负女人，压迫女性，自然是不在话下。最可惜的是，不少女人也受到这种观念的灌输，借用了动物交配的生态，认为越粗犷的男人就越能够保护她和她的家。这种变态的心理，历年以来叫多少女人甘心情愿地给男人糟蹋，真是可叹可悲。这也难怪近代会有女权运动。但是不久以前，美国某出名的杂志刊登了一篇文章，高唱现代的女性应该在结婚之前，尽量跟不同的男人发生性关系，从而发现哪一个是最能够传宗接代的！这种将自己作践的女权运动，真是背道而驰的大跃退！

另一方面，我们也遇到不少女人，已经被催眠到认为自己没有什么价值，一生的价值只是建立在丈夫身上，最重要的任务就是生儿育女！不过尽管如此，身为男人大丈夫，我们还是应该尊重妻子，建立妻子，帮助她尽情地发挥她的恩赐和才干。

圣经提到造人的时候强调，"神就照着自己的形像造人，乃是照着祂的形像造男造女"（创世记1∶27）。女人和男人有同样的价值和尊严，只不过有不同的功用和职分而已。身为丈夫的，应该鼓励妻子建立自己的价值。今天有不少男人为了自我的野心，把妻子的成就牺牲了，还以为是理所当然的。但是我们诚然要承认有不少很伟大的妻子

（母亲），宁可把自己的事业暂时放下，或者甚至于完全放下，在家相夫教子。可惜这种贤德的妇人，常常被小看了，认为是没有在工作，便好像是没有价值的，其实她正是一天24小时上班的。

我的妻子就是一位这样的妇人。她拿了博士之后的第一个博士后研究单位，后来竟然得了诺贝尔奖。当时我们的大儿子刚刚出生，所以她决定不要跟单位走，宁可在家教导自己的孩子，这才发现大儿子是个超优的孩子，智商被评为220，他9岁考上大学，10岁就读，13岁拿学士，是华盛顿大学有史以来最年轻的毕业生。接着3位弟弟妹妹也都是如此，智商都在160以上，各自在他们那一年的美国全国的天才甄别考试里（Johns Hopkins University Talent Search）拿到美国西岸的冠军。我的妻子苏绯云博士的牺牲是无可否认的。

其实，他们各自的个性很不同：大儿子十分安静，是个内向的书生，若不是妈妈细心的观察，爱心的了解和积极的参与，亲自到学校观察，他极有可能变成一个孤僻、与众寡合的科学怪人。如今他却是个和蔼可亲，众人都喜欢的好好先生。

大女儿是个快乐的人，从小就喜欢唱歌，十分乐天，但是个性比较散漫，容易放弃。这女孩子如果没有母亲细心的教导，很容易把才干埋没掉，一辈子像个蝴蝶到处飞，无所事事，就如不少在美国长大的华人女孩子一样。但是如今她愉快的个性和音乐的修养，在她所从事的教育心理辅

导上，肯定是个优点。

小女儿从小个性强，脾气急，一哭起来可以 3 个钟头不停，很不容易教。我的妻子不知道花了多少时间教导她，结果后来在学校里她被老师们称赞甜如天使。她的刚强之个性叫她坚持下去，完成了她的双博士。如今她当机立断的个性，正适合当医生。

小儿子小的时候记性不好，又讲话慢，我们还以为他不过是一般的孩子而已。谁知他竟然是个分析型的头脑，现在读了电脑的博士，耐心作教授最适合。

正如箴言所说，"才德的妇人谁能得着呢？她的价值远胜过珍珠"（箴言 31：10）。她为着家庭所付上的代价，并不是徒然的。"能力和威仪是她的衣服，她想到日后的景况就喜笑"（箴言 31：25）。又说，"她的儿女起来称她有福，她的丈夫也称赞她，……愿她享受操作所得的，愿她的工作，在城门口荣耀她"（箴言 31：28，31）。

最可惜的是有多少时候，在妻子为家庭付出时，连她的丈夫也不了解，更不欣赏，甚至只会利用。我曾见过有位医生娶了个护士，妻子为他生了孩子，这医生在读医学院的时候，妻子当护士赚钱养家。谁知到医生读完了医学院，出来开业成功之后就把妻子丢弃了，另娶了一个年轻的。这种人真是禽兽不如，可耻之至。老来的时候，必定自食其果。

另外一方面，身为父亲的男人，女儿还小的时候，就应该教导她们尊重自己的价值，发挥自己的天分。我还记得我的女儿们小的时候，我们就鼓励她们要尽情地发挥自我。

可惜今天有多少男人,自己的成就可能比不上妻子,心里不服就在别的方面来攻击妻子,无理取闹,搅得一家鸡犬不宁。孩子们受影响更是不在话下。这种有自卑感的男人,没有肯定自己的价值,所以也不会欣赏妻子的价值。在本事上比不上妻子,只好诉诸武力,强词夺理,甚至以强暴待妻。真是可悲可叹!这种男人可以说是最卑鄙的一种。

"神说,我们要照着我们的形像,按着我们的样式造人"(创世记1:26)。

我们曾经解释过,"样式"原文"demuth"是指着神的荣耀,所以人类起初被造时,是带着创造主神的荣耀的。当人类犯罪时,这荣耀就离开了。但是人类仍然是带着创造主所赋予他的尊严。这是每个人都有的,绝不能抹杀掉的。这同等的尊严,自然也应该存在于男女的关系里,更加存在于夫妻之间。

可惜从古以来,女人的尊严处处被抹杀。从宫殿到农村,从军营到集中营,从寺庙到学府,从工作场所到家庭,女人的自我尊严经常被忽略、轻慢、侮蔑。中国强迫女孩子缠脚超过1000年,美其名曰行走苗条,其实是好像剪了翅膀的鸟儿,寸步难行。最近从报章上还读到在美国的南方,有中东的人还在为他们快要发育的女孩子施行所谓割礼。虽然政府制裁了这种做法,但是基本上他们还是偷偷地进行。今天有不少的社会和文化里,对妇女的羞辱还是被视为理所当然的。这完全违反了创造主原来的设计。

尊重妻子身为母亲的尊严

男人对妻子的不尊重,首先在于没有看重家庭的价值,小看了母亲之任务的重要性。所以在西方社会,在基督教的熏陶之下,每年 5 月份有个母亲节。那是要唤醒全球对母爱之伟大的敬仰,确认母亲之贡献的重要性。

男人没有尊重妻子,或者跟起初人类所犯的错误有一定的关系。按照本来的设计,"作丈夫的,要爱你们的妻子,正如基督爱教会,为教会舍己"(以弗所书 5:25)。"作妻子的,当顺服自己的丈夫,如同顺服主。因为丈夫是妻子的头,如同基督是教会的头,袖又是教会全体的救主。教会怎样顺服基督,妻子也要怎样凡事顺服丈夫"(以弗所书 5:22~24)。丈夫用舍己的爱来爱妻子,妻子自然在爱中完全顺服丈夫了。正是彼此欣赏,彼此尊重。

但是人类犯罪之后,夫妻的关系变成,"你必恋慕你丈夫,你丈夫必管辖你"(创世记 3:16)。神特别还提到生产的苦楚,"又对女人说,我必多多加增你怀胎的苦楚,你生产儿女必多受苦楚"(创世记 3:16)。"恋慕"原文是描写藤缠绕一棵树,又如一条蛇紧紧勒住它的猎物,甚至可以把对方勒死。最普通的就是女人以美色来迷住男人的心,所以自古以来就有"红颜祸水"的成语。男人在这种"女人一定需要我"的心态里,对女人就采取一种"管辖"的态度,不是轻佻就是暴力,哪里会有尊重呢?

是的,虽然有些女人会以美色和身体当作本钱,但是一个男人还是应该尊重女人，特别是对待自己的妻子，应当尽量启发她的恩赐，肯定她的尊严，"正如基督爱教会，为教会舍己。要用水藉着道，把教会洗净，成为圣洁，可以献给自己，作个荣耀的教会，毫无玷污、皱纹等类的病，乃是圣洁没有瑕疵的"（以弗所书 5：25～27）。一个被爱的妻子，自然是荣耀的，是容光焕发、满有尊严的。

对单亲母亲的致敬

特别对一些曾经被男人伤害过的女人，我们也应该帮助她们重新肯定自己。在纪念母亲节的时候，我们特别要向单亲的母亲们致敬。

寡妇含辛茹苦地养大自己的孩子们，她们的伟大自然是不言而喻。现代更有不少被没有良心的负心郎抛弃的女子，默默无声地培养无父的孩子们。这种女子应该先回到创造主我们的天父面前，从创造主的话语中重新肯定自己的价值和尊严，心里必定会得到平安喜乐，让神医治自己的伤痕，除去一切伤害自己和孩子们的苦毒，才不会一方面为了这些可怜的孩子们付上了无比的代价，另一方面却容许自己满腔的苦毒，以致摧毁了自己和这些孩子们的关系，只得到孩子们的讨厌！

男青年如果是在这种单亲的环境里长大，更应该反省一下，自己有否向妈妈衷心地表示过欣赏她的付出，帮助妈妈肯定她的价值和尊严？自己曾否也伤害了妈妈，在妈妈的痛苦中火上浇油，甚至落井下石，有意无意地说了一些叫

妈妈伤心的话？自己曾否不知不觉地学习了爸爸对妈妈的态度？有否不负责任地浪费了妈妈辛苦赚回来的钱？

母亲所付上的代价

至于我们身为丈夫的男人，我们更加应该欣赏妻子为了生儿育女所付上的代价。首先，她们在怀孕和生产上，就已经冒了无比的危险。这是我身为医生，又是父亲，现在又当了祖父，所不断亲身体验的。这种危险，无人能免，也不知道会发生在谁身上。

我的大儿子出生的时候，我的妻子在产房里，就忽然不能呼吸。当时我也在场，却是无能为力，只能陪着我们的产科大夫捏了一把冷汗。以后3个弟弟妹妹都有早产的危险。小弟来的时候，我的妻子还要安胎3个月，同时还要照看3个小朋友。我一边三餐要回家煮，一边还要行医，也是有一点疲于奔命。还好，我们在大儿子小的时候，有花时间教导他，所以那段时间地板吸尘都是他做的，连为妹妹们洗头发他都能干！谁知到了我的女儿生孩子的时候，大女儿又来个早产的危险，是产前出血，结果还需要剖腹。我看见心里好疼呀！小女儿生第二个孩子的时候，我还在场，她的医生没有及时赶来，又是紧张一番。大媳妇的背从小受过伤，怀孕和产后都很痛苦，我看见都是很难过。

其次，特别是孩子们小的时候，对妈妈的要求无论如何总是比对爸爸多。一位能干的妈妈肯定要面对事业和孩子的选择，我家里3个女人都有这种问题。我在前面已经分享过我的妻子如何牺牲了她的事业，宁可在家照顾 4 个孩子，把自己的博士工作搁置了20多年。2 个女儿也不能避免，虽然我 2 位女婿都十分地理解和支持，也很实际地参与照料孩子，但是孩子小的时候必定还是会缠住妈妈的。她心里总是会难受的，工作或者事业自然也不能尽情地发挥了。特别是小女儿，她是哈佛大学的双博士，本应该从事研究的工作。为了要照顾家庭，便执业家庭医生，现在自己开业。她自己刚刚生了第 2 个孩子 3 天，半夜就要出去帮别人接生！有些时候我真是自恨分身乏术。一方面自己现在不行医，但是事奉还是很繁忙。另一方面她们天各一方，连我的小儿子算在内，分别住在北美洲大陆的 3 个角落。我们夫妻俩就算抛掉事奉不干，分道扬镳都照料不过来！

作丈夫的，应该随时随地参与照料孩子们，好叫妻子不会因为承受不了而崩溃。当妻子整天对着小孩子们，觉得很烦的时候，更不要责骂她或者取笑她，反而要尊重和安慰她。这种温柔的丈夫我也有见过，不过毕竟是凤毛麟角，非同一般。

第三，孩子在长大的过程中，一般总是母亲比较紧张一些。这种紧张度，自然有些时候是有一点过分。作丈夫的人就应该尊重妻子，用心去了解、安慰和耐心地分析，不应该漠视，更不应该讥笑。不过，多数的情形却是母亲比较了解，也比较关心，一般来说也跟孩子们更加接近。所以她的话，作丈夫的人是应该听的。这光景特别是关乎儿子在青少年阶段的问题。本来在儿子长大的过程中，父亲是应该

保持跟儿子沟通的渠道的,才可以避免青少年时期的各种问题。这时期更是父亲应该采取行动的时候,父亲应该尊重母亲的观察和母亲的迫切。太多父亲完全漠视了儿子的青春期问题,轻看了母亲的担心;最后儿子出了问题的时候,亡羊补牢,还会责怪母亲教导无方。其实中国古语都有说,"养不教,父之过。"男人们应该多留心听自己妻子的忠言。

第四,孩子们成年了以后,父亲比较放得下,母亲却一辈子都放不下心来。就如我妈妈所说的,孩子无论多少岁,总是自己腹中生的。成年子女的问题,妈妈总是会揽到自己的身上来。我们身为老头子的人,需要了解妻子的心态,就算是妻子管得太多了,也得要耐心地劝导、安慰和开解。

最近我们有机会翻看了一些旧照片,是我们在像我们的孩子们现在的岁数的时候拍的。真是时光不留人,岁月把我们改变了许多!下一代的孩子们又在长大了,但是真正的爱却是永不止息的。这爱是在创造主耶稣基督里面的,不但是历久常新,更是直到永恒,因为我们已经有了永恒的生命,"论到从起初原有的生命之道,就是我们所听见,所看见,亲眼看过,亲手摸过的。这生命已经显现出来,我们也看见过,现在又作见证,将原与父同在,且显现与我们那永远的生命,传给你们"(约翰一书1:1～2)。

第 14 章

爱孩子们 的 妈妈

母亲节的记念

"她的儿女起来称她有福,她的丈夫也称赞她说,才德的女子很多,惟独你超过一切。艳丽是虚假的,美容是虚浮的,惟敬畏耶和华的妇女必得称赞"(箴言 31:28~30)。

母亲节是个纪念妈妈的日子,一般人自然立刻想到自己的妈妈。家庭里庆祝母亲节,都是鼓励孩子们要向妈妈有所表达,不过掏腰包嘛,还是老爸的了。有不少的男人,确实是很爱他们的孩子,并且为孩子们做了相当大的牺牲和贡献。一切就是希望孩子的天分可以充分地发挥,有个成功的人生,这种男人是十分令人欣赏的。只是爱孩子的一个大前提是爱他的妈妈,母亲节正是一个向孩子们的妈妈表达爱的机会。不过,如果家里的女人不是孩子的妈妈,问题就来了!

我的儿子 10 岁进华盛顿州立大学的时候,在那少年班里面,有一个孩子比我儿子只大 1、2 岁。这孩子的爸爸为了他,实在是付上了极大的代价,换了工作,搬了家,从美国的中西部来到西雅图,就是希望自己的孩子有个满意的学业。这个孩子也是相当出色,他读的是数学,也在读交响乐团的指挥。又因为他个子小,但是节奏感却是十分准确,所以学校的划艇队，请他在船上喊口令。赢了比赛之后，划艇队的运动员，大伙儿抬着他上岸，好不威风的，真是德智体群全发展。只有一样美中不足：他的父母亲是离了婚的，后来妈妈得癌症死了。这孩子伤心欲绝之际，竟然责怪是爸爸害死了妈妈！所以，既然爸爸一心想要他成材，他就故意停止一切的学业，要把自己毁了以报复爸爸，大学的辅导员也劝不动他，十分可惜。

温馨的夫妻之爱

在孩子们的生存环境里，父母是至关重要的，无论如何，少了一位总是不理想的。父母亲彼此关系温馨的时候，孩子就有安全感。父母亲还没有到吵架，只是彼此的脸色不愉快，就算是小婴孩都会有坐立不安的表现，不少的婴孩可能就因此而哭起来。如果情景是爸爸对妈妈凶的话，小婴孩会本能地想安慰跟保护妈妈，他唯一可以做的就是要妈妈抱。可怜的妈妈自己已经是一肚子委屈了，还要抱着小婴孩垂泪，这叫孩子更加手足无措，不知到底是什么大事在发生。可惜这样的情形是我们常常见到的。

在积极方面，身为父亲的，应该多方面地、尽情地表达对妻子的爱跟关怀。最近我在辅导一对有一点问题的年轻夫妻。丈夫讲了一堆大道理，分析他们之间的关系，都是对的。但是妻子却表示她需要的只有一个字，我想女生读者都会猜出来，那就是：爱！只要有温馨的爱，多辛苦都是值得的。那些完全不关心家庭的男人自然不必说了，但是有

多少关爱孩子的父亲，对着孩子就真情流露，但是对着孩子的妈妈，却是随随便便的呢？美其名曰老夫老妻，不必再卿卿我我那么肉麻了。其实，妻子可能觉得被忽略了，孩子也不一定会接纳父亲的爱。无论如何，孩子总是跟妈妈在一起的时间多一点。回家的时候，最好是把妻子跟孩子抱在一起，全家温馨的这一刹那，不但带给妻子爱和安慰，也带给孩子安全感跟喜乐。

在消极方面，夫妻俩更不应该在儿女面前吵架。事实上，连大声争论都不好。特别是男人凶起来的时候，即使不动手只动口，都会把一家人吓坏了，不会讲话的婴孩可能就哭了，会讲话的小孩子可能会叫大人不要争吵。到了孩子大一点的时候，更可能就出去外面，懒得理了。多少青少年终日在外面游荡，一个原因就是受不了家里的吵闹声音。身为父母的，想要孩子们好好地读书，在这种不宁静的环境当中，他们如何可以集中精神地学习呢？

如果作丈夫的动起手来，那个伤害更是很难磨灭的。曾经有个父亲，年轻的时候游手好闲，不务正业，吃喝嫖赌，欠了赌债就向妻子要。妻子不胜其烦，拒绝给他，他有一次凶起来的时候，竟然一把抓起他的 5 岁儿子，把菜刀搁在儿子的脖子上，恐吓要杀儿子！多年之后，他信了主，人也改变了，终于鼓起勇气向 25 岁的儿子认错。但是儿子只说，"等着瞧吧！"他是有一点失望，但是谁又能够责怪他的儿子，觉得他不可理喻呢？

尊重孩子的妈妈

多少伟大的母亲牺牲了自己的事业,专心在家里照料孩子们,悉心地培养。在有些人看来,拿了博士学位,却整天对着牙牙学语的小孩子,真是可以让人发疯!我的妻子苏绯云博士是一位伟大的母亲。没有她的摆上付出,我的4位天才儿童,就有可能变成有怪癖的人。

正如前面说到的,大儿子个性内向,却是智商最高的。他在幼儿园跟小学时代,心里苦闷得不得了,若若不是妈妈细心观察,亲身到学校考察了解现况,他极可能变成一个孤僻、与众寡合的科学怪人。大女儿很乐天,却是很容易分心,喜欢唱歌跳舞,若不是妈妈耐心教导,也很容易变成时下的蝴蝶般的女孩子,把自己的天分浪费掉。小女儿为人果断,作事敏捷,但是脾气很急,若不是妈妈花了很多时间教导她靠主喜乐,今天就算是个女强人,也可能是人见人怕。小儿子的思维与众不同,小的时候讲话慢,记忆力又不好,但是身体却是全家最魁梧的,我们开始以为他平淡无奇。哥哥姐姐都已经是少年班的学生,也有一点知名度了,即使我们不对孩子作出比较,别人也会。若不是妈妈特别花时间跟他对话,在家里自己教一年"home schooling"的话,他极有可能变成一个暴力的反叛少年。如今我可以为了我们的儿女感谢神,我的妻子无上的价值是那个大原因。身为丈夫的,应该多谢谢在家里默默摆上的妻子。

另一方面,基于一般人的大男人主义,跟妻子谈话的时

候,很容易摆出一个高傲的态度,认为女人不懂事理,所以会有小看妻子的表现。特别是在家里面,男孩子可能也会学了小看妈妈,将来对自己的妻子也是如此。或者相反,会替妈妈抱不平。对女孩子的影响,自然她也有可能替妈妈抱不平,但是在消极方面,她也可能会有自卑感,认为女人生来不好。

身为父亲的,也要对自己的妈妈温柔和尊重。多少儿子在妈妈年纪大的时候,动不动就对妈妈喊起来,不会了解妈妈的关怀,也不感谢她,等到妈妈过世之后才来个"树欲静而风不息,子欲养而亲不在"。好可悲呀!何不趁着妈妈还在的时候,温柔地爱她?

离了婚别批评

在婚姻破裂之后,虽然男女双方都会有伤害,但是受伤害最大的还是孩子们。神圣的婚姻是值得两方面都尽力保全的。不过有些时候,这已经是事实了,正是覆水难收。在这种情形之下,无论对方在不在场,千万不要在孩子们面前批评对方。虽然好多时候觉得需要为自己申辩,但是无论对方真正有多坏,在孩子心目中还是幻想有一个理想的双亲。他这个理想如果整天被攻击的话,一方面他自然会不满那抛弃他的一方,但是同时他也会对照料他的那一位产生反感。

更棘手的还是家里的女人不是孩子的妈妈,更多时候可能是父亲丧偶再婚。最令孩子伤心而反感的一件事,就是把他妈妈一切的痕迹涂灭：就如妈妈心爱的东西啦，妈妈的照片啦，等等。我曾经见到有位继母，不但把丈夫前妻的照片一扫而光，连前妻的孩子小的时候的照片都清除掉，也不交给成年的孩子自己去处理。这种绝然的心态，真叫人难以猜测。其实这种心胸狭隘的人，最终还是害了自己，常常弄得众叛亲离，到老的时候孤零零的，真是自作自受。

但愿所有的丈夫都多一点称赞自己的妻子——孩子们的妈妈。

14
爱孩子们的妈妈

第 15 章

男人 需 要帮忙

父亲节的意义

　　一年一度的父亲节，一般多数是表扬成功的父亲，事业多么有成就，社会上多么有地位，财产如何地雄厚。这一点也不奇怪，因为从一般的观念来说，男人的责任好像都是在外，事业成功对一个男人来说，是最重要的一件事。所以论到男人在家庭里的角色，有一位父亲对我说，"我爱我的孩子，最好的方法就是赚多一点钱。"这种心理叫不少的男人，有了一种压力，就是在事业上要有一定的成就，甚至于要跟别人比较，或者跟自己的妻子比较，不然就郁郁不得志，或者终日不高兴，向旁边的人出气。如果遇到失败的话，更是不但对自己是死路一条，有些时候还要把妻子儿女都一同牺牲掉。几年前在西雅图就曾经有一宗这样的惨案：父亲事业失败，竟然把妻子和两位可爱的大学年龄的儿子，一同枪杀，然后自杀！真是惨绝人寰，自私无比。一位不能面对失败的男人，是被大男人主义所害了。

复活的大能

　　所谓大丈夫能屈能伸，自然是自古以来圣贤的名言。但是在现实生活里，失败的时候一方面可以卧虎藏龙，忍气

吞声,另一方面却能继续奋勇自强,反省过去,谨慎未来,等候有一天东山再起,这不是每一个人都一定做得到的。圣经称这为复活生命的大能!

人生在世,胜败乃兵家之常事。本来的伊甸园,果树满园,乃是神叫它生长出来的,男人的责任只是需要修理看守,真是轻松愉快。人生的失败,生活的不理想,乃是人类犯罪的结果。所以我们需要复活生命的大能。

一位属神的人面对失败有一个不同的生命和能力。主耶稣说,"因为我活着,你们也要活着"(约翰福音 14:19)。要经历这复活生命的大能,有一些很现实的秘诀。保罗曾说,"使我认识基督,晓得祂复活的大能,并且晓得和祂一同受苦,效法祂的死,或者我也得以从死里复活"(腓立比书 3:10~11)。

"复活",顾名思义是曾经活过,后来死了,然后又再活了。人生必有苦难,这是无可避免的。主耶稣也警告我们,"我将这些事告诉你们,是要叫你们在我里面有平安。在世上你们有苦难,但你们可以放心,我已经胜了世界"(约翰福音 16:33)。认识了主耶稣基督,我们也同时认识了祂复活的大能。

效法耶稣的死

所以在苦难失败中,要紧的是有主耶稣同在。有主的同在,就是在怒海狂涛,或是死荫幽谷,我们都不惧怕。主耶稣的受苦是顺服至死,但是祂的死并不是绝望无助的死,乃是有把握、有控制的。主说,"没有人夺我的命去,是我自己舍的。我有权柄舍了,也有权柄取回来,这是我从我父所受的命令"(约翰福音 10:18)。

如果我们的受苦是为了主,我们的生死是为了主,我们就有了同样的把握。人生无论顺逆,都有把握。那自然无论遇到什么样的困境,都可以兵来将挡,水来土掩,处之泰然。"然而,靠着爱我们的主,在这一切的事上,已经得胜有余了"(罗马书 8:37)。"神能照着运行在我们心里的大力,充充足足的成就一切,超过我们所求所想的"(以弗所书 3:20)。这是为什么基督徒可以凡事谢恩,常常喜乐的原因。

对于一位行走在神的旨意里的人,并没有任何的咒诅,只有祝福;没有什么绊脚石,都变成踏脚石。我们离开了一个地方,是他们的损失;失去了一份工作,是神为我们预备了一份更好的;有什么物质的损失,是神要将更大更好的赐给我们。有人或者会认为这是一种阿 Q 精神,但是我们所信的,既然是又真又活的创造主,信靠这位爱我们的神,就永远不致失望,也不会羞愧的。这是我一生,无论是年轻的时候在求学的年代,或者是当年在行医的时候,一直到如今,我过去这 17 年的全时间事奉神,神的恩典总不断绝,祂的信实永不改变,祂的能力历久常新,祂的慈爱何等甘甜,叫我欢呼不已。"我想起这事,心里就有指望。我们不至消灭,是出于耶和华诸般的慈爱,是因祂的怜悯不至断绝。每早晨这都是新的,你的诚实极其广大"(耶利米哀歌 3:21~23)。

耶稣是至宝

一个人有这样伟大的把握,大前提在乎他人生的至宝是什么。或者说,他的人生到底投资在哪里? 关于这个大前提,保罗从他的人生经历里有这样的话:

"只是我先前以为与我有益的,我现在因基督都当作有损的。不但如此,我也将万事当作有损的,因我以认识我主基督耶稣为至宝。我为祂已经丢弃万事,看作粪土,为要得着基督"(腓立比书 3:7~8)。

在这段经文里,"有损的"一词原文普遍适用于"航海沉船"。在茫茫大海里,船是上面的人的唯一依靠。一旦船沉了,所拥有的一切就全军覆没,自然是死路一条了。我们的天分没有好坏之分,就如保罗在本章里所提的一切,无论先天或者是后天的条件,可以说基本上都是中性的,关键是看他投资在哪里。如果投资在会败坏的事务上,到头来一定会腐坏掉的。在这里保罗引用最容易明白的东西,那就是食物。一顿大餐,无论煮得多好,装饰得多漂亮,味道多香,最终还是成为粪土。

保罗所提的先天和后天的条件,各有三样,共有六样。但是人生在世,无论天分多高,归根到底还是一场空,只得到 6 个 0! 但是当我们得到了基督的时候,我们的人生才有了真正永恒的价值。

我们且比方基督为 1,我们信了主之后,主耶稣到底是否是我们的至宝? 是的话,这个 1 走在前头,我们的价值就是 1,000,000，一百万！我们无论是先天或者是后天的条件，样样都可以有它的应有之价值。"因为凡有的，还要加给他，叫他有余"（马太福音 25:29）。但是如果我们专顾自己，把基督放在最后，再加上个小数点，我们的价值就变成0.0000001，一百万分之一了！

当我们投资在主身上的时候，我们就永远不会丧志，更不会一败涂地，乃是永远喜乐，丰丰富富地进入我们主耶稣基督荣耀的国度。

第 16 章

按部就班

圣经的功用

有人以为圣经说是说得好,但是好像都很抽象。大题目讲得好,但是做出来就好像一点都不现实。我现在的问题需要现实地解决,这种抽象的大题目,对我没有帮助,我也没有兴趣听。这是一般人的误解。问题乃在乎读圣经读得不够透彻,也没有全面性地读。

"圣经都是神所默示的,于教训、督责、使人归正、教导人学义,都是有益的"(提摩太后书 3:16)。请注意,圣经的功用包括"使人归正",那就是有错误的时候,我们应该如何行才能回头是岸。

圣经其实是很现实的,它既然是我们人生的说明书,自然是应用性的了。不过就如一切的说明书,用的人需要按部就班地使用。如果偷工减料,或者自作聪明,随意增减,不按照圣经的方法去执行,自然得不到应有的效果了。有不少的基督徒就是这样,虽然说是信了耶稣,但是不读圣经,就算读了也不照着去行,结果不理想的时候,还要责怪神!落在诸般的失败和痛苦里面的时候,只会怨天尤人,谁知逃出生天的方法,东山再起的途径,就在神的话语里面。

我们前面讨论到在失败中,凡信靠耶稣的人,有神的应

许,可以有复活生命的大能。原来这大能的经历,是有一定步骤的。圣经清楚地告诉我们从失败中走出来的秘诀。

腓立比书 3 章 12～16 节说,"这不是说,我已经得着了,已经完全了。我乃是竭力追求,或者可以得着基督耶稣所以得着我的。弟兄们,我不是以为自己已经得着了。我只有一件事,就是忘记背后,努力面前的,向着标竿直跑,要得神在基督耶稣里从上面召我来得的奖赏。所以我们中间凡是完全人,总要存这样的心。若在什么事上存别样的心,神也必以此指示你们。然而我们到了什么地步,就当照着什么地步行。"

谦卑检讨

飞得越高就跌得越重。虽然说大丈夫能屈能伸,但是一个越有成就的人,失败的时候就越难以站起来,最大的问题可能是那一口气吞不下去。所以有不少这种人只有死路一条。最近日本某一大公司,就是接二连三地不断有总裁自杀。死,真正可以解决问题吗? 自杀可以说是一个最自私的行动,留下了一笔烂账,不单单要别人来清理,还会祸及妻儿。把妻子儿女一同杀掉,那更是伤天害理了。

其实,这里第一个功课要学的,就是承认自己并不完全,还在追求,就是一把年纪了,还是有学习的余地。不过这里有个重要的问题,那就是得着的问题。这世上的拥有,一般都是用物质来衡量,那是一般人的现实。但是我们在人生的任何一个阶段,都应该不断地检讨:我到底得着了什么？可惜今生的东西，都有一个共同点：无定。这是物质的东西所不能避免的，特别是钱财。所以圣经说：

"你岂要定睛在虚无的钱财上吗？因钱财必长翅膀，如鹰向天飞去"（箴言 23：5）。

请留意，这钱财原来并没有翅膀的，是后来长的。你眼巴巴地看着那翅膀越长越大，就飞走了！叫它也不理会，哭也不回来。这正是多少人的写照。

追求什么

保罗在追求的是一个肯定的事情。他用一句相当不容易的话来描写，"或者可以得着基督耶稣所以得着我的。"和合本的注释加上下面这一句："所以得着我的或作所要我得的"，那就是"神在基督耶稣里从上面召我来得的奖赏"。原来那在天上的是永存的，不是虚无的，是"不能朽坏、不能玷污、不能衰残、为你们存留在天上的基业"（彼得前书 1：4）。

你说，你又来啦，今天我还在地上，有地上的问题我要面对的。但是主耶稣说，"所以不要忧虑，说，吃什么，喝什么，穿什么。这都是外邦人所求的。你们需用的这一切东西，你们的天父是知道的。你们要先求祂的国和祂的义，这些东西都要加给你们了"（马太福音 6：31～33）；"少壮狮子，还缺食忍饿；但寻求耶和华的，什么好处都不缺"（诗篇 34：10）。

问题是，我们是否先求祂的国和祂的义？若没有的话，我们需要检讨我们时间上的分配，我们需要再思想我们忙

碌的生活到底是为了什么,我们的工作原则有没有遵从圣经的原则,我们的失败错在哪里? 然后谦卑地回到神的面前,悔改认罪,不是坚持要神用我们的办法来解决,乃是像大卫犯罪了之后的心态:

"我甚为难,我愿落在耶和华的手里,因为祂有丰盛的怜悯。我不愿落在人的手里"(撒母耳记下 24:14)。

忘记背后

有多少人一败涂地,不能够振作起来,另一个原因就是停留在过去。这里的"忘记背后",不是一股脑把过去一笔勾销。圣经原文在这里所用的字眼"epilanthano",意为"有焦点地忘记"。过去的事情肯定是可以供给我们参考的。过去的错误,痛定思痛之后,应该从此知道避免同样的错误。过去经历了神的恩典,我们一想起来,我们的指望就不至灭没。过去信心的效验,成为我们前面信心的根据。是的,忘记了过去的错误,那痛苦就白白受了。对神忘恩负义,更是叫我们与神的恩典隔绝。

我们的忘记背后是有焦点的:不要怀念过去的成就,也不要让过去的失败把自己拉住了。一个一直回头看的人,如何能够往前走呢? 无论是逃避灾难,或者是开拓新的疆界,那些回头看的人不是不能逃出生天,就是坐失良机,一事无成。

旧约里当所多玛被天火所灭的时候,就是有个回头看的罗得的妻子。神命令说,"逃命吧,不可回头看",她却"在后边回头一看,就变成了一根盐柱"(创世记 19:17,26)。主耶稣也曾劝告我们,"手扶着犁向后看的,不配进神的国"(路加福音 9:62)。

努力面前的

检讨过去之后,我们也应该重新振作起来。以一个积极的态度来面对现实,迎接新的挑战。正如保罗胜利的欢呼:

"我们四面受敌,却不被困住;心里作难,却不至失望。遭逼迫,却不被丢弃;打倒了,却不至死亡"(哥林多后书 4:8~9)。

"努力"原文是"epekteneo",是"有焦点地尽量伸长手"的意思。有一点好像够不到的感觉,但是还是要尽情地发挥。这种精神自然是要从失败中站起来的一个必需的要素。无论如何总要拼命苦干,但是太多时候现实好像是逼人太甚了,拼了命好像是白白牺牲了。第一个秘诀在乎我们的努力是需要有焦点的,圣经在这里称它为"标竿"。好多时候我们的人生茫无目标,正是为谁辛苦为谁忙。直到遇到挫折的时候,才会思想一下自己人生的目标是什么。

有些时候不是没有目标,乃是目标搞错了,追求了一辈子,到头来只得个失望。圣经告诉我们,目标要放得高,必须是从上面来的;若目标放得低,一下子就被周围的事物遮盖住了,可能在最紧要的关头就看不见了。就像开车的时候,路标给树木遮住了,该转弯没有转,竟然走了冤枉路。

我们的心眼若定睛在神那里，一定不会走错路的。因为：

"耶和华说，我的意念非同你们的意念，我的道路非同你们的道路。天怎样高过地，照样，我的道路高过你们的道路，我的意念高过你们的意念"（以赛亚书 55：8～9）。

从天上看下来总是一目了然的。所以又说，"你要专心仰赖耶和华，不可倚靠自己的聪明。在你一切所行的事上，都要认定祂，祂必指引你的路"（箴言 3：5～6）。

但是方向对了，是否就一定能达到目标？心有余而力不足也是无可奈何的。所以保罗有上述的胜利之欢呼是有原因的。他说：

"那吩咐光从黑暗里照出来的神，已经照在我们心里，叫我们得知神荣耀的光，显在耶稣基督的面上。我们有这宝贝放在瓦器里，要显明这莫大的能力，是出于神，不是出于我们"（哥林多后书 4：6～7）。

他不单单有荣耀的光照耀叫他看得清楚，还有这带着莫大的能力之宝贝在他心中发动。所以他可以说，"我靠着那加给我力量的，凡事都能作"（腓立比书 4：13）。

从前专为自己而活，如今为主而活，我们就不会徒然奔跑，到头来空忙一场。这努力不但有功效，也有果子，人生也轻松多了！

循序渐进

但是你说，我该从哪里做起？是的，我们总要有一些行动。"看风的必不撒种，望云的必不收割"（传道书 11：4）。

整天心怀大志,口说信靠神却没有任何具体的行动,这是自我欺骗。

神对我们爱的计划,需要我们以信心用行动实现出来。原来这努力是从每一小步做起的,"然而我们到了什么地步,就当照着什么地步行"(腓立比书 3:16)。我们所到的地步就是我们现在的光景,我们所做的事。可能没有以前那么辉煌体面,但是圣经的劝导是,"凡你手所当作的事,要尽力去作"(传道书 9:10)。不要看事情的大小,也不要跟以前比较。"不要志气高大,倒要俯就卑微的人。不要自以为聪明"(罗马书 12:16)。这叫做现实的努力。

不少人在虎落平阳的委屈之下,就整天不高兴,怨天尤人,做事情也很不愉快。这种怀着苦毒的人,有谁喜欢跟他同工?有谁喜欢帮助他?我们需要记得神的话语,"务要在主面前自卑,主就必叫你们升高"(雅各书 4:10)。一个谦卑的态度不但是在自我的检讨上,也是在乎可以俯就卑微的事,甘心乐意地尽力去做。愿意从头开始。这正是大英雄能屈能伸。

是的,这是一种心态。"总要存这样的心,若在什么事上存别样的心,神也必以此指示你们"(腓立比书 3:15)。这里的"心"(phroneo),给了我们今天的"个性"这个字。在环境和际遇的熏陶下,一个人的个性很可能不知不觉地被重新塑造。换句话说就是变了一个人。所以在困苦当中,我们特别需要与神亲近,叫我们的心态可以不断地在神的亮光里对正。"所以我们中间凡是完全人"(腓立比书 3:

15)，这"完全"也可以翻成"一直到底"。在苦难和失败的时候，平安喜乐是很容易随时消失的。要坚持住积极的心态，实在不简单。我们需要神不断的供应，才不会受不了压力，半途而废地倒下去。

但是你又说，我要忍受多久啊！正如以赛亚的感叹，"守望的啊，夜里如何？守望的啊，夜里如何？"（以赛亚书21：11）。神所定的时间，我们不一定知晓，所以保罗劝我们，"然而我们到了什么地步，就当照着什么地步行。"

我们都知道，部队行军的时候，军官喊口令不会说："再50米左转！"只有一直向前走，直到军官的口令说"左转"，行列的第一位士兵才左转。但是后面跟从的队伍，却还是向前走。每一位士兵要等自己来到第一位士兵左转的地步才左转。应用在我们身上，那就是说，如果神没有给我们不同的命令，我们就应该高高兴兴地继续做我们现在所做的事，不要自作聪明，随便乱动。

神的应许是，"你们所遇见的试探，无非是人所能受的。神是信实的，必不叫你们受试探过于所能受的。在受试探的时候，总要给你们开一条出路，叫你们能忍受得住"（哥林多前书10：13）。

"那赐诸般恩典的神，曾在基督里召你们，得享祂永远的荣耀，等你们暂受苦难之后，必要亲自成全你们，坚固你们，赐力量给你们。愿权能归给祂，直到永永远远。阿们！"（彼得前书5：10～11）。

第 17 章

教导儿女人生有目的

新年计划

　　一年之计在于春,元旦是许多人立下新年计划的时候。从小教导孩子们人生有计划,他们在少年和青年的时期,就不会无所事事,游手好闲,以致一辈子不知道何去何从。"教养孩童,使他走当行的道,就是到老他也不偏离"(箴言22:6)。人的个性各有不同,有些人天生就是很积极的,一切都要有条有理地安排得十全十美。我的小女儿就是这样的人。当她4岁生日的时候,1个月前就跟妈妈讨论了生日会的客人名单,以及当日的菜单。更叫我们希奇的是,她还预先写下了她生日那天整天的时间表,从早上起床一直到晚上睡觉,每15分钟一段。她3岁就决定将来要做医生,一直没有改变过,如今在南加州自己开业行医,还要在家里教自己的女儿,在家里上课。

　　大女儿却是完全不同的个性。这个乐观的女孩子从小就喜欢唱歌跳舞,不会忧虑,又与人十分好相处。作事情却常常不专心,比较容易拖泥带水。我们都很怕她将来会无所事事。不过在恰当的教导之下,大女儿对正了她的人生目标之后,现在所作的事业,却是正符合她的恩赐:心理辅导! 其实无论孩子们的个性如何,按照圣经的原则来教导他们,都可以叫他们有正确的人生目的。

设定目的,人生快乐

关于喜乐,保罗告诉我们一些历久常新的原则:

"弟兄们,我还有话说,你们要靠主喜乐。我把这话再写给你们,于我并不为难,于你们却是妥当。应当防备犬类,防备作恶的,防备妄自行割的。因为真受割礼的,乃是我们这以神的灵敬拜,在基督耶稣里夸口,不靠着肉体的"(腓立比书3:1~3)。

这段话一开头就说,"我还有话说!"第一原则:不可以匆促,鲁莽从事。太多父母亲虽然实在是爱孩子们,但是在帮助孩子们设定人生目的时,太过匆促了。很容易主观性地认为孩子应该做什么,其实是张冠李戴,搞错了。我们如果从孩子还小的时候,就仔细地观察他的个性、喜好、才干等等,我们才能够知道,如何顺着他的特长,去栽培、塑造和发挥。可叹今天有多少父母亲,在孩子们小的时候不肯花时间来观察启发他们,到了孩子青少年的时候,才来埋怨孩子人生没有目标。

是的,一个人如果从小人生有条有理,方向肯定,一辈子有把握,道路有带领,那是个何等快乐的人生!

第二原则:不为难。人生目的清楚之后,面对挑战的时候就不会轻易放弃。现代孩子们,特别在北美这丰富之地,很容易稍微遇到一点困难就不干了,原因是怕面对挑战。人生有目标的时候,困难反而变成是机会。每一个挑战都

是一个增加经验的机会,可以叫一个人更加老练。

在这段话里,"为难"原文的另外一个意思是"懒惰"。这个字在罗马书 12 章 11 节就是翻作"懒惰"。为什么希腊文的这个字好像有两个不相关的意思?想一想我们就可以理解。一件事情从某一个人的观点看来,如果是很难的话,他很可能就懒得去作。一般的心理是:反正是那么困难,我作也作不到,不如就懒得去作吧!反过来,对一个懒得不可开交的人,有哪一件事不是太难的呢?人生漫无目标,就很容易懒懒散散,一辈子漂流,活得不高兴,只剩下悲叹:"三十功名尘与土,八千里路云和月。莫等闲,白了少年头,空悲切!"

但是话虽如此,这里却有第三个原则:"妥当"。因为有不少雄心勃勃的人,小的时候胸怀大志,目标清楚,但是一旦美梦破灭,一切都是一场空,那种失望可以叫人活不下去的。但是人生的目标,谁可以肯定担保呢?就如古语所说,人算不如天算;又说,天时地利人和。自己尽管是定了崇高的目标,但可惜是生不逢时,各种的因素可以叫一个人失了预算。

"妥当"这个词可是说起来容易,做起来难的。圣经给我们的大前提是:"靠主!"原文"靠主"是"在主里"的意思。孩子们小的时候,教导他们设定人生的目的,就使用这个大前提:"在主里。"我们第一件事是带领孩子们邀请主耶稣进入他们的生命,然后带领他们从事个人灵修,才能自己独立地与创造主有个人的关系。从那个时候开始,又教他们每天为自己的前途祷告，求神来发现和发挥他们的天分。况且，身为父母亲的人，如果我们自己与神有密切的交通的话，圣经里的例子告诉我们，神也常会透过父母亲启示一个孩子将来有什么使命。

我们的小儿子允圣就是一个例子。他出生之前，哥哥姐姐们都已经是学龄了，妈妈正在考虑到底应该回去重温一下以前的专业，还是直接回到科学研究岗位。谁知就在一个清早的灵修里，她正读到路加福音第 1 章，天使长加百列向撒迦利亚预言，他的妻子伊利莎白要怀孕的事，"怀孕"那两个字就特别地亮起来。起初绯云有一点莫名其妙，但是她想了一想，莫非是神要她再度怀孕？

那时候我们的老三已经 5 岁了。为了要肯定她不是自己搞错了，又不愿意到时候我说是她的心理作用，她就立刻告诉了我。果然，下一个月她的月经就不来了！所以我们这小儿子的中文名的意思是：应允尊耶和华为圣。他的英文名 Sean 就是约翰，是神的礼物，也是要作神的先知。虽然他小的时候记性不好，讲话又慢，但是到了时候，神不但开了他的窍，也开了他的口。

他在 14 岁就跟我们到全世界布道，21 岁就被邀请为青年特会的讲员。2 年多以前拿了电脑博士之后，被邀请到温哥华的三一大学任教，大温哥华的华人教会就爱上了他。如今几乎每一个周末，他都要上讲台，还得要在他的大学教课，真是忙得不可开交，但却是一个满足喜乐的人生。我只有将他交托给主，求主继续使用他。

设定目的有三忌

这个时代是个不择手段的时代。不少激进分子,目标一旦认定了,无论如何总要达到。目的达到的时候却不一定是理想的,人生不一定是快乐的,全家也不一定是幸福的。问题出在设定目标时,犯了错误。因此,设定目标时,有一些事情是要防备的。

1. 犬类。这里的典故是,在圣地有一些没有主人的牧羊狗,它们无家可归,也没有人养它们,终日成群结队地在垃圾堆里找东西吃。好不容易找到了一点点,自然就张牙舞爪地抢着吃。这种抢着要的心态,在今天也还是常见的。只要能达到目的,就不择手段。英文说:"The end justifies the means."这种拿借口埋没良心的做法,最终还是会得到当得的报应的。为了要更快发财,结果弄得身败名裂,连累家人的例子,比比皆是。神的话告诉我们,"耶和华所赐的福,使人富足,并不加上忧虑"(箴言 10:22)。

2. 作恶者。这里不但是善恶之别,也是实际执行出来的恶。善与恶以谁的观点来决定呢? 就如一辆汽车,它应该如何发动? 所用的燃料是汽油还是汽水、酒精、咖啡? 到底什么是善的,什么是恶的? 标准自然是造它的工厂定的了。我们可以说,所有不按照工厂的规定而行的,都是恶的。今天有多少人,甚至是基督徒,设定目标的时候,并没有考虑圣经的原则,也没有寻求神在他身上的旨意。就算是达到了目的,又如何会是好的?

3. 害人害己者。这种人为了要达到目的，不但不择手段，甚至会伤害自己，或者出卖自己，把自己的情操也断送了。原因自然是因为没有抓紧真理的原则和立场，也没有发现自我的尊严和价值。这种作践自己的态度，有人还以为是聪明呢！

以什么夸口

归根到底，这是价值观念的问题。孩子们从小的时候要建立一个独立性，正确健全的价值观念。保罗在罗马书里所讨论的，是关乎他们当时社会上的潮流，虚伪的信仰观念和地位，也是传统的压力，今天的孩子们也是受尽同样的压力。孩子们可以鹤立鸡群，不会同流合污，而是中流砥柱，一辈子立定在真理的原则里，到老也不会变节。第一秘诀，在乎"以神的灵敬拜"。这"敬拜"原文同样的字在罗马书12章1节翻译作"事奉"，乃是作器皿的意思。这里或者可以翻作"在神的灵手里作器皿"。一位这样的人，乃是完完全全地把自己交托给圣灵，在祂的手里作器皿。一件器皿在主人的手里，是让主人决定要如何用就如何用。神认识我们的一切，所以祂所安排的道路自然都是"善良、纯全、可喜悦的"。这样的道路不但是最理想的，更是最释放的，人生没有压力，但是这样的道路也要求我们献身。这个功课如果是从小的时候就学好，一辈子变成一个习惯，长大了也不会后悔。

第二，要让圣灵来使用我们，我们需要先在基督耶稣

里。带领孩子从小接受主耶稣基督,进入祂的生命,是教养儿女的大前提。有了主耶稣的生命,圣灵自然进来,从此这孩子的人生有了导航者,他的人生有方向,他的道路有带领,他的行走有力量,他的前途有预备。这种人生是快乐的,也是有把握的。这段话里的"夸口",原文这字在有些译本也翻作"欢欢喜喜"(罗马书 5:2~3)。有把握的人生可以欢喜,因为无论遭遇何事,这人知道创造主在掌管他的一生,信实的神永不会叫他羞愧失望的。所以这个人的依靠,不是肉体的条件,乃是永不改变的主基督耶稣。

发挥潜能

今天许多年青人的问题是不认识自己。最近有一位年青人写信给我,讨论的就是这一方面的问题。他的妈妈要他读医学,他自己却喜欢工程。但是面对妈妈经常不断的"鼓励",他渐渐觉得有一点挑战感。好像自己没有尝试过,就不应该把这个念头否决掉。所以他觉得自己应该把读医学当作一个挑战,目的是要证明给自己和别人:我是有能力读医学的。

我告诉他,以这种挑战心理来读医学,有多方面的不好:

1. 对自己不好。读下去的话,如果力不从心,到时半途而废,不但浪费了宝贵的青春,有了一个惨痛的经验,对自尊心也是一个打击。何苦!

2. 对父母亲不好。读医学的费用不少,一般来说医学院的奖学金也不多。叫父母亲枉费辛辛苦苦赚来的钱，最终也许会十分失望。

3. 以他这样的心态，如果他真正完成他的学业，甚至出来行医，对社会、对他的患者来说，他也不一定是一位良医。对他自己嘛，可能一辈子觉得自己入错行业了，可以说是张冠李戴，做得不高兴。

他要我指引他一点方向。归根到底，他需要的，是认识自己。在才干上，在个性上，在心态上，在环境和条件上，考虑到各种因素。真正让人活得满足快乐，需要有天时地利人和，那是何等的蒙福无边。关于认识自我和发挥潜能，保罗在腓立比书分享了他自己的经历，这也成了我这一辈子的座右铭和教子良方：

"其实我也可以靠肉体，若是别人想他可以靠肉体，我更可以靠着了。我第八天受割礼，我是以色列族、便雅悯支派的人，是希伯来人所生的希伯来人。就律法说，我是法利赛人；就热心说，我是逼迫教会的；就律法上的义说，我是无可指摘的。只是我先前以为与我有益的，我现在因基督都当作有损的。不但如此，我也将万事当作有损的，因我以认识我主基督耶稣为至宝。我为祂已经丢弃万事，看作粪土，为要得着基督"（腓立比书 3：4～8）。

先天的条件

保罗在这里的第一句话说，"其实我也可以靠肉体，若是别人想他可以靠肉体，我更可以靠着了。"我们在上文曾

经指出，靠着会改变的肉体条件，在人生的道路上，可以叫一个人失望。但是一般人多数只会凭着眼见和感觉，不会放眼看将来的大局。更以为现在所有的肉体条件，可以一直不改变，所以有"我一辈子靠自己"的话。

有些人肯定是先天的条件特别优良，他们靠着自己肉体的条件，倒是一点都不希奇。最可怜的还是一般的人，自己觉得比不上那些特别有条件的人，却也不甘服输，无论如何总要找一些东西来夸口。对于这种人，保罗以过来人的经验论到他个人的条件。他所列出的条件，第一是先天的条件。这种条件是无可疑义的，是可遇不可求的。

这先天的条件，第一是传统。"第八天受割礼"，代表他身上有了神恩典之约的印记。用在现代的口语上，可以说他是出身名门，书香世家，并非一般平庸之辈。就如一般家族里的祠堂，关于祖宗们的历史，总是喜欢列下一些光荣的事迹。哪里有人喜欢说自己的老祖宗是个强盗或是卖国贼！有个好的传统，总是有好处没坏处的。但是有些时候，如果传统没有追上时代，或者不是完全跟从真理的话，传统会变成一个捆绑。特别是我们华人，有一些人可能会靠着自己的背景自夸，一方面小看别人，另一方面也不一定会用功发奋，结果一辈子活在一个不切实际的梦想里。相反，有多少年青人，可能会埋怨自己的身世，轻看自己父母亲的身份地位。心里面偷偷地说，"我如果长在某某人的家就好啦！"这种人不会活得快乐。接纳自我需要恰到好处，实在是教导的一门艺术。

第二是血统。我们每一个人的血统带来了我们的长相、个性、才干等等。这是在我们的遗传基因里的，是与生俱来的，不能改变的。在北美，有多少在此生长的华人子弟，觉得自己的身量长相不如别人，把自己打扮得奇奇怪怪的，就是想要像他的朋友们，甚至会排斥自己的华人同胞。常常听到的一句话就是："你们中国人！"（You Chinese!）真是忘本了！妄想跻身在不同种族的朋友当中，并不会变成别人的种族，反而不会得到人家的尊重。同样的，有另外一些人，也可能盲目地自恃自己的血统和种族，歧视其他种族的人。这种态度在历史上不知道产生过多少伤天害理的事件！尊重自我，欣赏别人，那才是正确的态度。

第三是家庭的经历。"希伯来人"原文意思是走过来的人，真正是见过世面的过来人！有些人一辈子不出家门，家里的习惯就是固步自封。这种环境很可能会造成一个孤陋寡闻，井蛙观天的心态，登不了大雅之堂。所以我们的孩子们在很小的时候，我们就尽量带着他们，到处跑跑，看看这广大的世界，好叫他们可以开开眼界。一方面是增进见识，另一方面是学习对陌生的环境不会有恐惧感。我最小的儿子更是从 14 岁就跟着我们全世界去作见证，传福音。如今在大温哥华，一边在大学教书，一边在讲台上事奉主。2007年讲了 110 多堂道，组织参加了 8 个夏令会和 1 个冬令会。

家庭的经历对一个人才干的发挥，肯定有很大的帮助。可惜有一些人，他们的经历只叫他们没有归属感，不负责任，有了家庭还是想到处漂流游荡！这种人最好是不要结

婚。他们到老的时候,就会有孤零零的何处是吾家的感觉!从家庭的经历里,学习到好的方面,是每一位孩子可以从家里得到的一份好礼物。

这一切,是保罗从他的先天条件里可以放胆自夸的!

后天的条件

有了先天的条件,但是却没有发挥,那也是一无所用,太可惜了! 正是千里马还得有个伯乐。在当时的世代,保罗宣称他的后天条件也是一点都不俗。第一,他是与众不同的。"就律法说,我是法利赛人"。"法利赛"原文是"分别出来"的意思。他们这一党派的人原是一班愤世嫉俗,自命清高,不肯同流合污,想要出淤泥而不染的知识分子,应该是那时代的有心人。这些人后来变成了假冒为善的代名词,乃是因为他们已经变得名不符实。

可惜今天有多少的人,在年轻的时候有那么多崇高的抱负。谁知成年之后,竟然把年轻时的抱负一扫而光,成了一个假冒为善的伪君子。可以坚持到底,出淤泥而不染,实在是不容易。不过从另一个角度来说,如果所坚持的与众不同的原则不符合真理的话,那也可能变成盲目的牺牲,就如当今的恐怖分子,被人利用,牺牲了自己,也叫别人与他同归于尽。

第二是社会热心。"逼迫教会"如何会是一件好的事情? 我们先要了解保罗当时的社会状况。约翰福音解释了当时的宗教领袖为什么决定要杀主耶稣:

"祭司长和法利赛人聚集公会,说,这人行好些神迹,我们怎么办呢? 若这样由着他,人人都要信他,罗马人也要来夺我们的地土和我们的百姓。内中有一个人,名叫该亚法,本年作大祭司,对他们说,你们不知道什么。独不想一个人替百姓死,免得通国灭亡,就是你们的益处"(约翰福音11:47~50)。

那时候,主耶稣刚刚使拉撒路从死里复活。连这些官长们都要认同祂。他们所说的"人人都要信他",是理所当然的。他们的挂虑是,"罗马人也要来夺我们的地土和我们的百姓"。明明是名利的问题,但是却美其名曰关怀家国大事,"免得通国灭亡"。看起来正是爱国爱人民,但是有没有可能演变成当今的恐怖分子之所作所为?

第三是循规蹈矩。"义"是合标准的意思。按照当时的社会标准,保罗是无可指责的。一位这样的年青人,实在是不简单。哪有一位年青人,不喜欢为大众所接纳所赞赏?这个叫做"爱国爱党爱人民"! 可惜社会的标准却是常常会改变的,本来是合标准的、积极的好榜样,可能忽然之间被打成反动。无可奈何! 谁能够为我担保?

有损有益——价值观

原来发现和发挥儿女的潜能,关键是正当的价值观。所谓始基不慎后患无穷,这是个方向的问题。我们的孩子小的时候,我们有时会问他们一个问题:一位极其聪明的人,如果给神使用的话,结果将会如何? 答案是:极好! 相

反的,如果给撒但使用的话,结果又将会如何? 答案是:极坏! 这观念,他们从小就根深蒂固地牢牢记住。

为什么保罗"将万事当作有损的"? 难道信耶稣的人,就都像出家人,不沾红尘,摈弃世事? 不是的,主耶稣说,"我不求你叫他们离开世界,只求你保守他们脱离那恶者。他们不属世界,正如我不属世界一样"(约翰福音 17:15~16)。

保罗的话给我们的最关键的教益是:"我为祂已经丢弃万事,看作粪土"。原来我们在肉体上所有的东西,所有的条件,有一天都会变成粪土。且看那些最高等的餐厅,排列出来的食物,真是美轮美奂,色香味俱全。一个乡村的厨子,在跟自己的粗茶淡饭相比之下,真是相形见绌。但是坦白来说,吃下去了或者没有被吃下去,结果都是变成粪土! 这就是这个物质世界的问题。保罗在那段经文中一共列了 3 个先天的条件和 3 个后天的条件,但是归根到底,还是只有 6 个零:000000!

现在耶稣来了,有了永恒的生命,人生到头来不再是一场空。我现在有了永恒的价值了。这就像来了一个价值数字 1,一切都有了意义!

这样,难道我本来拥有的条件就白白地浪费掉吗? 才不是呢! 主耶稣是我的创造主,祂更能够知道我的一切该如何发挥,祂也可以为我预备道路,指引我的前途,为我创造机会。所以现在的问题是:我们把主耶稣放在什么地位上? 如果让祂居首位,那么我们所有的一切就变成:1,000,000,一百万! 但是如果让祂居末位,那么我们的一切就变成:

0.0000001，千万分之一！

　　"有损"一词原文是用在沉船时的光景。在茫茫人生的大海里，我们一切的投资到底在哪里？我们的船是否可靠？我们所依靠的如果经不起怒海狂涛、惊风骇浪，我们的船沉下去的时候，自然是全军覆没，一败涂地了。即使是基督徒，就算是真正重生得救了，如果没有凡事让主居首位，到头来神所赐的恩赐，没有好好地发挥，只像浪子那样，把钱财全部浪费在他贪爱世界上面，落得困苦起来，就连猪都不如。见主面的时候，更是仅仅得救，像火中抽出来的一根柴一般（参阅哥林多前书 3：11～15）。

　　今天有多少父母亲所教导孩子的价值观念有错误，凡事只会自私自利向钱看，结果把孩子的一生毁掉了，到头来后悔莫及。真是可悲可叹！但是在这人生的大海里，如果我的船是主耶稣，我的导航者也是主耶稣，我就有方向、有把握、有保护了。

人生的目的

　　现今这个功利主义的世界，样样都是要向钱看，英文所谓"Bottom Line"，基本条件。我刚刚在网上看到澳门高官欧某，贪污舞弊多年，结果除了全部财产 8 亿元被充公，还要坐牢 27 年，并且连累老爸和妻子被指控。人生的目的到底是什么？

　　我记得从小的时候，我的牧师几乎每一个夏令会的开幕礼，都会用士师记 18 章 3 节的话问我们："谁领你到这里

来？你在这里作什么？你在这里得什么？"这三个问题，不
但是青少年需要问自己，就是历尽沧桑的老年人都要经常
地审核自己：我到底在干什么？难道一生辛劳，老来时候或
者孤孤单单地跟谁都合不来，或者醉生梦死，到处观光，或
是闭门隐居，所谓享清福，了此残生？人生是否可以再创高
峰？失败了是否可以东山复出？人生重要的素质到底是
什么？

　　保罗说，"我为祂已经丢弃万事，看作粪土，为要得着基
督，并且得以在祂里面，不是有自己因律法而得的义，乃是
有信基督的义，就是因信神而来的义，使我认识基督，晓得
祂复活的大能，并且晓得和祂一同受苦，效法祂的死，或者
我也得以从死里复活。这不是说，我已经得着了，已经完全
了。我乃是竭力追求，或者可以得着基督耶稣所以得着我
的"（腓立比书 3：8～12）。

第 18 章

人生 的 标准

标准先于目的

　　人生要有目的,先决条件在乎知道人生的标准是什么。保罗称之为"义"。一般人对"义"的观念总是跟"道义"、"义气"、"正义感"、"公义"等等相联系,好像是高不可攀的崇高的标准,觉得反正也达不到,跟芸芸众生的日常生活没有什么关系。自然,圣经的用词肯定是有崇高的一面。万物的绝对标准自然是创造主了。但是也有对我们切身的一面,那就是我们活着的标准。或者是说,我们个人活着的标准是什么?

　　我在给不少年青人辅导的时候,他们的问题,除了不知道自己有什么恩赐,就是不知道自己应该做什么。自然这两者是互相关联的。不知道自己的天分潜能,自然就无从发挥自我了。但是不少人是知道了,却无从发挥。再者,就算真正是作他的天分所该作的,好多时候也不知道如何才是作得合乎理想。

　　下一个问题自然是,什么才是理想?我们立刻可以观察到:就算是相同的天分,真的作起来时,对一个人是理想,对另外一个人可能不是理想。这并非是说,理想的标准是相对的。乃是因为个人有不同的背景,其他的天生条件,以

178

及不同的际遇。况且人生的道路上可以有不同的峰回路转，是一时不能完全知道的。今天好像不如意的经历，可能成就明天的一个工作。今天做得十分沉闷的工作，可能是预备明天的一件大事。当我们考虑时间与环境的因素时，就是我们不能知道和控制的，什么是我个人人生的标准就显得更缥缈了。

虽然如此，有不少有心人还是拼命地奋斗。这些人是有正义感的，他们不会为了达到目的，昧着良心做不择手段的事，就如我们上文所谈到的一些人。这种人存心良好，做事情循规蹈矩，样样都按部就班，尽力而为。这种有长进、有抱负、有高度自律性的人，有些从小就看得出来的。但是我们观看，这种人却也不一定是活得愉快，并且有一些甚至看不惯世风日下，恶人当权成名成功，只好作个屈原投江自尽。这就是保罗在这里所说的"有自己因律法而得的义"。有这样良好的存心，肯定是好的。只是心有余而力不足，现实的条件可以说是人在江湖，身不由己。

一个以信心依靠神的人，既然是行在神的旨意里，凡事自有创造主为他预备。我们的神说，"我要引瞎子行不认识的道，领他们走不知道的路。在他们面前使黑暗变为光明，使弯曲变为平直。这些事我都要行，并不离弃他们"（以赛亚书 42：16）。主耶稣说，"我就是道路、真理、生命，若不藉着我，没有人能到父那里去"（约翰福音 14：6）。

教导孩子们从小依靠神，让神来带领他们的道路，他们的人生一定是理想的，满足的，符合标准的。因为那是造他

们的主宰所定的标准。就如一件机械，它的性能和使用的标准，自然是造它的工厂所设定的。

信心的能力

"复活"，顾名思义是曾经活过，后来死了，现在又活过来。这是一个曾经经历过死亡的人生。我们的主经过死亡不是个失败，乃是个认同——与我们人类的失败认同。所以他说，"没有人夺我的命去，是我自己舍的。我有权柄舍了，也有权柄取回来，这是我从我父所受的命令"（约翰福音10：18）。

人生的道路不免有失败的可能。应该教导儿女如何处理失败，可以从地上再爬起来，不会一败涂地，而是重新再来一次。这才是成功的人生。

在失败中可以学习到一些功课，才不会痛苦白白受。有些人是先知先觉，这种人可以防患于未然，避免亏损。有些人是后知后觉，这种人起码可以知道下回避免重蹈覆辙。唯有那些不知不觉的人，闯了祸还糊里糊涂地问，"我到底错在哪里？"这种从来学不到功课的人，可以说是最可怜的了。

在这里保罗告诉我们胜过失败的一些秘诀。他提到有三件事情是我们需要认识的。

第一，是主耶稣基督本身。一个属于主的人，才可以经历这复活的大能。因为生命都在祂里面，能力也是在乎祂。我们的孩子们从小就有了主耶稣在他们的心中，他们一辈子无论经历什么人生的风浪，我们都不必为他们担忧，因为他们有主耶稣作他们人生的掌舵主。

第二，是主耶稣复活的大能。小孩子从小就应该容许他们有经历失败的机会。太多父母亲们，因为爱子情深，舍不得让孩子伤心，过分地保护孩子们，在有限度的情形之下，也不肯让孩子自己尝试一下。有一点成就的时候，又把他称赞到天上去了，很容易使孩子变成夜郎自大，目空一切。如果真正有一点失败的时候，又一下子替他找借口。这样一来，孩子学不到自己负责任，也不晓得在失败中自我分析。在分析清楚了失败的原因之后，我们并非是绝望的，我们要教导他们，"只管坦然无惧的来到施恩的宝座前，为要得怜恤，蒙恩惠，作随时的帮助"（希伯来书4：16）。

无论如何，这种有限度地经历一些因自己的决定而引起的失败，在大人的看顾之下，总不至于有危险的。但是孩子从此就亲身经历了神的赦免与医治，养成了依靠神的习惯，真是一生受用不尽。

第三，是和主耶稣一同受苦。更超然的复活，乃是为了主耶稣而受苦。孩子们从小为了信主，勇敢地站在一个立场上，似乎表面看来受了亏损，但这原是好的。因为神所可以补足给他的，肯定是更多更好，超过我们所求所想的。

我的小女儿从华盛顿州立大学以3个主修毕业的时候，原是优等生，并且所做的研究论文被导师认为是研究生的水平。但是在申请医学院的时候，她自己的母校因为她所填上的宗教信仰是基督教福音派，竟然问了她一大堆的

宗教伦理问题，连我这个见过世面的女儿，都给他们搞得十分紧张。结果是不合理地拒收她进入医学院，明显是宗教信仰的歧视。我们告他们上法庭都可以的！不过结果是，所申请的其他 4 所大学都接受她进入他们的医学双博士的学位，全球首屈一指的哈佛大学还每年另外给她几千美元奖学金助她就读。她读医学双博士的时候，一无所缺，这全然应验了神的话语：

"你们要尝尝主恩的滋味，便知道祂是美善，投靠祂的人有福了。耶和华的圣民哪，你们当敬畏祂，因敬畏祂的一无所缺。少壮狮子还缺食忍饿，但寻求耶和华的，什么好处都不缺"（诗篇 34：8～10）。

是的，效法主耶稣的死是那个秘诀。因为主的舍命，乃是有权柄地舍去，所以祂也有权柄取回来。这是个控制自如的人生，非同这芸芸众生所可比的，也不是每一个人都可以经历到的。保罗虽然是经历过不少主耶稣复活生命的大能，都还是觉得不可思议，有点可以意会不可以言传的感觉。跟从主真是一个丰富的人生，峰回路转，柳暗花明又一村，每一个拐弯都有新的恩典等待着我们，叫我们惊叹，"你以恩典为年岁的冠冕，你的路径都滴下脂油"（诗篇65：11）。又叫我们低头下拜承认说，"我们不至消灭，是出于耶和华诸般的慈爱，是因祂的怜悯不至断绝。每早晨这都是新的，你的诚实极其广大"（耶利米哀歌 3：22～23）。

爱的拥抱

什么是人生重要的素质？今天有多少人赚到全世界，却赔上了活着的价值，就如传道书所记载的那些可怜的人，"我又转念，见日光之下有一件虚空的事。有人孤单无二，无子无兄，竟劳碌不息，眼目也不以钱财为足。他说，我劳劳碌碌，刻苦自己，不享福乐，到底是为谁呢？这也是虚空，是极重的劳苦"（传道书4:7～8）。又说，"并且他终身在黑暗中吃喝，多有烦恼，又有病患呕气"（传道书5:17）。

我们不是说，今生在肉身上的享受不对。传道书继续说，"你只管去欢欢喜喜吃你的饭，心中快乐喝你的酒，因为神已经悦纳你的作为。你的衣服当时常洁白，你头上也不要缺少膏油。在你一生虚空的年日，就是神赐你在日光之下虚空的年日，当同你所爱的妻快活度日，因为那是你生前在日光之下劳碌的事上所得的份"（传道书9:7～9）。

但是可以超越日光之下的境界，是一个很大的觉悟。我们并不是说，不满足目前的光景是错误的。保罗也说，"这不是说，我已经得着了，已经完全了。我乃是竭力追求"（腓立比书3:12）。这是一种活到老学到老的心态。这样的人生永远是新鲜的，兴奋的，可以再创高峰，也可以进入新的境界，永不会有了此残生的感觉。

"或者可以得着基督耶稣所以得着我的"（腓立比书3:12）。这句话，乍读起来，有一点难懂。"得着"原文也可以作"紧紧拥抱"。基督耶稣已经毫无保留地接纳我们了，这

是祂尽情的拥抱。我们对祂的态度,却常常是三心二意地保留一个距离,不冷不热。这是我们华人士大夫的修养,所谓"君子之交淡如水"。当我们对主耶稣这毫无保留的爱,也可以尽情地回应拥抱祂的时候,我们才可以完全地享受祂的爱。一个生活在主的爱里面的人,完全没有惧怕,常常满有荣光的大喜乐,道路是轻松的,担子是轻省的;对自己,满有把握,对别人,平易近人。不但没有缺乏,乃是样样都有,而且有余。因为这一切,在基督里都已经加给我们了。

爱的享受,是人生最大的素质。从此我们也知道如何去爱。"我们爱,因为神先爱我们"(约翰一书 4:19)。我们从孩子们小的时候就尽情地、温馨地拥抱他们,爱我们的儿女,他们一辈子都是我们的心肝宝贝。这是主对我们的心态,也是孩子们从我们所领受到的。钱可以赚少一点,多一点时间跟孩子们相处。生活可以简单一点,样样事情不必那么讲究。房子可以乱一点,给大家多一点的自由度。就如我们的孩子们所说的:这房子是有人住的样子!生活放松一点,不必像一个军训营。让孩子们有空间来发现跟发挥他们从神所领受的恩赐和潜能。真正的爱,这是人生最大的目的!

怎样才是现实?

年青人有一个问题,就是喜欢作白日梦。所谓"一心以为有鸿鹄之将至",最好就是平步青云,招手即来的成功。自然,人生哪里有这样的快餐汉堡?年轻的时候有梦想,自然是好的。但是谁能够使美梦成真？孩子们如何可以脚踏实地地计划人生？这是身为父母亲所面临的大问题。自然，每一个人的个性各有不同。有一些人生来就是有条有理，样样都要安排得很周到。这种讲究现实的人，有些时候会给自己一个很大的压迫感。但是那些整天作梦却没有实际行动的人，却可以很快就把岁月蹉跎掉。如果孩子有精神病，那也无可奈何。叫父母亲操心的是，一个看起来正常的年青人，到了 20 多岁还不知道应该干什么。这是父母亲的大烦恼，也是父母亲们常问我的一个问题。

有些人以为信耶稣的人很不现实。我们既然是追求属天的事情，就好像是出家人不食人间烟火，只顾天堂不顾地上。我们也承认有些教派会看淡学习和学位。前几年我就曾经在报上见过报道，说台湾有整批的年轻女学生削发为尼，叫父母亲们痛心不已。这种态度是逃避现实的，圣经从来不教导我们这样做。

是的，属灵比属肉体更重要，永恒比今生更有价值。但是一位觉悟了永恒的人，他的肉身生命就活得更有劲，他的今生就更加有方向。就如使徒保罗所说的，"因我活着就是基督，我死了就有益处。但我在肉身活着，若成就我工夫的果子，我就不知道该挑选什么"（腓立比书 1：21～22）。一位基督徒活着应该有功夫有果子。因为一生的际遇，无论从人的观点看是顺还是逆，在永恒里都有一定的成果。一段短的时期安静进修是应该的，但是中世纪天主教的修道厌世，并不是圣经教导我们的。

保罗在腓立比书告诉我们设立人生的目的,应该采取何种心态和行动,"弟兄们,我不是以为自己已经得着了。我只有一件事,就是忘记背后,努力面前的,向着标竿直跑,要得神在基督耶稣里从上面召我来得的奖赏。所以我们中间凡是完全人,总要存这样的心。若在什么事上,存别样的心,神也必以此指示你们。然而我们到了什么地步,就当照着什么地步行"(腓立比书 3:13~16)。

面向未来

一个不现实的人之表现就是怀念过去。念念不忘过去的事情,无论是好还是坏,都可以使一个人停止往前走。是的,一个人如果一辈子都不能够从过去的错误里,学习到功课,那可真是痛苦冤枉受了! 同样的,过去行得通的方法,虽然现在不一定还行得通,但是无论如何都是一个参考的资料。忘记背后可不是失忆症,像一个小孩子从新来过! 我就曾经认识一位丈夫,年轻的时候吃喝嫖赌,亏待了妻儿,还曾经把 5 岁的儿子一把抓起,持刀恐吓妻子要杀儿子,就是为了要钱! 20 年之后,他悔改信主了,提起勇气向儿子道歉。谁知儿子回答说,"等着瞧吧!"他是有一点失望,但是你能够怪他的儿子吗? 圣经告诉我们,"你们要结出果子来,与悔改的心相称"(路加福音 3:8)。

这句话在原文里,有一个小小的前置词"epi",英文可以翻作"upon",表示这个忘记背后不是马马虎虎的,一股脑把过去抛弃掉。原来这个忘记是有焦点的,人生的经历里,有一些事情会叫我们念念不忘，一直生活在过去的美梦里，不但不会向前走，了无志向，好多时候还会不满现在，怨天尤人，满心苦毒。自己受苦，身边的人也受苦。所以圣经说，"不要说，先前的日子强过如今的日子，是什么缘故呢？你这样问，不是出于智慧"（传道书 7：10）。

可以随时再创人生的高峰，才是人中的豪杰。但是相反的，有些人整天被过去的失败捆绑住，消沉在对过去的后悔，惧怕面对明天的挑战，无数内心的控告叫他终夜不能合眼。这些事情如果不让它们过去，人生肯定会漫无目的。

不过，话虽如此，不少人却脱离不了这个捆绑。所谓见过鬼怕黑，谈虎色变。失败过一次就不敢再次尝试，更谈不上面对现实了！

勇往直前

放下心头一块大石是好的，但是这个人却需要从新往前走，这样才是一个积极的人生。教导孩子们经过失败乃是要学习功课。往者已矣，来者可追！"努力"一词原文意思是伸长脖子拉长手这样的渴慕。这样的渴慕有没有可能再度碰壁？会不会又来一次受伤？这里圣经给我们一些秘诀要素。

第一，要有标竿。无论我们受过多大的创伤，还是碰过多少壁，有多少个叫我们失望的标竿，但没有标竿的人生到头来还是一事无成。如果过去的标竿曾经叫我们灰心，正

确的态度是自我反省一下,看看以前的标竿错在哪里。至于孩子们,尽量帮助他们从小就建立一个健全的标竿。这样,一辈子可以少了不必要的痛苦,就算是遇到了失败,也可以处之泰然。标竿是长远的,我们可以有不同的短期目的,但是人生如果有了一个不变的大前提,长远的标竿,最终的方向,就如在怒海狂涛里,或是月黑风高,如果有了一个灯塔高照,这个不变的标竿就可以应付万变。

第二,这个标竿谁来担保,谁来维持?我们的孩子们从小被教导立定他们的标竿在创造主那里,全能的神有能力来担保祂给我们的标竿。所以,祂给我们的标竿并不会飘飘忽忽的,也不会若隐若现的,让我们抓不到实体。就如保罗那胜利的宣告:

"因为我和西拉,并提摩太,在你们中间所传神的儿子耶稣基督,总没有是而又非的,在祂只有一是。神的应许不论有多少,在基督都是是的。所以藉着祂也都是实在的,叫神因我们得荣耀"(哥林多后书 1:19~20)。

神不但给我们肯定感,更藉着祂不改变的应许托住我们,叫我们最终可以达到祂给我们的标竿。因为这标竿是在主基督耶稣里的。孩子们从小有这样的把握,是何等的蒙福!就算在人生的道路上遇到了表面上的失败,也可以放胆无惧地向前走,可以"放下各样的重担,脱去容易缠累我们的罪,存心忍耐,奔那摆在我们前头的路程,仰望为我们信心创始成终的耶稣,祂因那摆在前面的喜乐,就轻看羞辱,忍受了十字架的苦难,便坐在神宝座的右边"(希伯来书

12:1~2)。

第三,从上面来的。年青人的目标应该放得高远。我常常记得我的声乐老师,在我年轻的时候对我说:求上不得则得中,求中不得则得下,求下不得则得无。这也真是蛮有道理的。一个人不自甘堕落,极力地要追求上进,他的人生不会是消极的。就如最近有一位母亲告诉我,他们夫妻俩要鼓励他们的儿子有进取心,就跟儿子一同看国内一个有名的连续剧。这连续剧打的口号是:"不抛弃,不放弃"。一家三口连续 28 集都看了,结果孩子还是那么消极。

不过有些时候我们无法决定,到底要不要放弃和抛弃。世上的现实好多时候就是这么无情:你不要抛弃,人家可能把你抛弃了! 你不要放弃,人家可能把你放弃了! 怎么办呢? 所谓一将功成万骨枯,被牺牲掉的多数是可怜的小人物。

这里的秘诀就是"从上面来的"。那高过万有的,并不能被属地的东西动摇。并且既然这标竿是高高在上,地上的一切就不能够把它遮盖了,乃是永远长存的。是的,唯有从天父而来的,是爱和恩典。祂不利用我们,"但祂赐更多的恩典"(雅各书 4:6)。只要我们肯让祂来帮助我们,祂不会叫我们失望,也不会叫我们羞愧。因为,"经上说,看哪,我把所拣选、所宝贵的房角石,安放在锡安。信靠祂的人,必不至于羞愧"(彼得前书 2:6)。祂永不抛弃我们,"因为主曾说,我总不撇下你,也不丢弃你。所以我们可以放胆说,主是帮助我的,我必不惧怕,人能把我怎么样呢?"(希伯

18
人生的标准

189

来书 13：5～6）。

脚踏实地

我们的人生要活得现实需要从心开始，就是我们的心态。腓立比书 3 章 12 节提到"完全了"，这个字第一个意思是达到应该有的标准。圣经的劝勉是总要存这样的心。原因是，我们很容易离开这个观念。

我正在跟一位年青人交谈，他有很多的苦恼：自我形象，前途的问题，人际关系，特别是与父母亲的沟通。归根到底就是没有完全交托给神，只是整天在作白日梦。这样的人生一方面会一事无成，同时也会有无限的无奈，极大的挫折感。

"完全"的第一个意思是要从头到尾一生不渝。这实在是不容易，多少人跟从神很容易半途而废。但是我们如果从小教导孩子们，使他们养成一个依靠神、顺服神的习惯，就是到老也不会偏离。这样他们一生都是蒙福的，更免去了不少的烦恼、伤心和痛苦。

"完全"的第二个意思是全人的，包括人生的每一个角落，每一件事情。但是我们的能力有限，我们的看守也有限。我们如何能够全面地在我们人生的每一件事情上，对准神给我们的标竿呢？我们若不留心，环境条件很容易使我们迷失方向。但是感谢神，圣经的应许是这样，"若在什么事上，存别样的心，神也必以此指示你们。"

真理的圣灵是我们随时的导师。中文圣经翻作"保惠师,或作训慰师"。主耶稣说,"祂既来了,就要叫世人为罪、为义、为审判,自己责备自己"(约翰福音 16:8)。"责备"(elencho)原文是"纠正"的意思。这就是为什么我们从孩子们小的时候,就带领他们祷告,邀请主耶稣进入他们的心中作个人的救主。我们不能够天天看守住我们的孩子,但是有圣灵居住在心中,他们无论走到天涯海角,真理的圣灵永远是他们的良师与导航者。

"完全"的第三个意思是要行出来。最近有一位年青人感叹说,神从来没有为他作过什么事情。不过他换个口气又承认,他知道得很多,想得更多,却没有行动,所以一辈子觉得自己一事无成,也不知道何去何从。其实他是一个相当聪明的人,结果到头来自己感觉很笨、很不中用。真是可悲可叹!

不过确实是万事开头难。要推得动,踏出第一步是不简单的。神自然有个美好的计划为我们每一个人存留的,但是这个计划需要透过我们完全顺服神的旨意,并且按部就班地以行动把它执行出来,不然就没有事情会改变。

使徒约翰告诉我们,"凡遵守主道的,爱神的心在他里面实在是完全的,从此我们知道我们是在主里面"(约翰一书 2:5)。这里"爱神的心"原文有双关的意思。希腊文这个词可以是神爱我们,也可以是我们爱神,中文圣经的翻译重点在我们爱神。我们如果真正爱神的话,我们就信得过神的话,照样去做。但是这也反映出神对我们的爱。祂爱的计划要求我们以行动执行出来,这样才能完全了。但是

话说回来,一个高高在上的标竿,理想确是理想,会不会有高不可攀,遥不可及的感觉呢?

秘诀就是按部就班。"然而我们到了什么地步,就当照着什么地步行。"今天这个快餐化的世界,样样都要速成,都要立刻的满足。但是我们自古就知道卧薪尝胆、苦心经营的事实。何况我们慈爱的天父,为我们预备的计划,更是无微不至。"耶和华说,我知道我向你们所怀的意念,是赐平安的意念,不是降灾祸的意念,要叫你们末后有指望"(耶利米书 29:11)。

"末后有指望",原文的意思是指有前途,有希望,不少英文译本都翻出了这个意思。所以我们应该做的是什么?就是现在神给我们的地步,我们就应该尽力去做。圣经的箴言有不少的话劝导我们要有现实行动。"凡你手所当作的事,要尽力去作"(传道书 9:10);"明哲人眼前有智慧,愚昧人眼望地极"(箴言 17:24);"看风的必不撒种,望云的必不收割"(传道书 11:4)。万里长征需要从脚下的第一步开始。

第 19 章

帮助孩子选修科目

因材施教

　　最近我遇到好几位关心孩子学习的父母,要我跟他们的青少年高中生谈论学习的问题。基本上这些孩子们,或者是已经尽了他们的努力,但是成绩还是十分不理想,有些孩子根本就放弃掉。一个典型的个案是,刚刚几天前有一位十分可爱的女孩子,我可以观察到她不是一位懒惰的孩子,其实她已经尽了她最大的力量,但是结果还是叫她十分失望。所以我请她告诉我她各个科目是什么,和各个科目的分数。

　　她的学校是用 100 分为满分的,她有三科是只有 30分:物理、化学和生物,其他的都有 70 到 80 分,包括数学、中文和英文。追问之下,她说她对画画特别有兴趣,妈妈也说曾让她学过画画,并且画得不错。她目前还在高一,所以我给她的建议是跟学校的辅导员和老师商量,停止修物理、化学和生物,反正一般的中学里都有文理科之分。很明显她不是读理科的人,何苦勉强她呢?

　　这孩子的数学还可以,还有一点画画的艺术天分,但是她承认她没有梦想做一个名画家,所以我建议,既然她的数学还可以,她可以改修电脑和艺术设计。妈妈一下子就提到服装设计。这个女孩子果然整个人是有艺术的美感，连她自己剪的头发，都梳得很高雅，十分有风韵。我又提到广告的设计、书本的设计等等。这一下子，这孩子整个乐开口了。

她也是很爱主的，我告诉她也可以在教会学习设计，比如教会特会时的海报和资料，别忘记主耶稣的应许，"你们要先求祂的国和祂的义，这些东西都要加给你们了"（马太福音 6:33）。她离开我的时候，整个人都喜笑颜开，我也相信她现在有个具体的方案了。

了解孩子的天分

一般的父母和孩子们，很容易盲目地跟从潮流，想修一些当时大家认为吃香的行业的科目，却没有考虑到自己是否适合读那个科目和从事那个行业。上述的那位孩子就是如此，以为理科比较有前途。再者，开始读的时候是吃香行业，到了自己毕业的时候，可能有供过于求的现象出现。那么除非自己在这方面特别出色，否则就有可能被竞争淘汰不来。

我们过去所谈论过的帮助孩子认识自我，可以说是个大前提。自然免不了需要从孩子小的时候，大人就要观察孩子的兴趣和恩赐在哪一方面。这个天职，自然第一就是父母亲了。

孩子们上学之后，父母亲更应该经常留意孩子的学习态度。发现孩子心情有矛盾不高兴的时候，不是骂他，责备

说都是他的错,乃是先找出事情的缘由,才能够正确地处理。父母亲更应该经常地跟老师保持联系,一般的老师都很乐意跟父母亲一同教养孩子们。家长和老师经常性的会面就是一个交流的机会。父母亲应该珍惜这一段宝贵的时间。我的孩子们小的时候,我的妻子更是在有需要时,亲自到课堂上观察,甚至参与课堂活动,作义务的帮手。明理的老师一般在有预先了解跟准备的状况之下,都很欢迎家长这种积极的参与。

老师的天职

老师的地位仅在父母亲之后。一位良师会保持一个开放的态度,了解并接纳孩子的各有不同,不会墨守成规地从事填鸭式的教育。就算是一个相当大的课堂里,也可以眼观四方地注意到孩子们的问题。虽然自己不一定有条件去帮助,但是也可以在家长教师会面的时候,提供给家长。

我的大儿子小的时候就有 2 位很不同的老师,其中一位是他的幼儿园老师。允信在一次现场介绍的时候,拿了一个我们刚刚吃过的龙虾壳,自己研究了百科全书,到幼儿园跟一些 5、6 岁的孩子们讲龙虾的成长史,还能够指出龙虾在美洲的大西北不能出产的原因是水不够冷,所以龙虾生殖器官不成熟,身量成长但是却不能繁殖。这倒是我当时第一次听到的。老师并没有叫他停下不要讲,反而带他到老师休息室讲给其他的老师听。也是这位老师介绍我们到大西北的资优儿童协会(Northwest Gifted Child

196

Association），从此开始了我们对允信之才能的认识，和他的资优教育之培养。

另外一位是允信一年级时的老师，在班里教孩子们看钟，是以15分钟为记。有一次她的8点3刻之分针画得斜斜的，所以允信的回答是8点40分。她竟然说允信不会看钟！自然这是一件小事，但是却反映了有些老师的呆板不灵活。还好我们趁早换了学校。

发现机会

孩子到了青少年的阶段，更可以鼓励他们去自己发现。参观科学馆、博物馆、艺术馆、音乐会等等，都可以帮助他们发现自己的兴趣和天分。大一点的时候，还可以鼓励他们暑假的时候，在不同的行业中学习。父母亲工作的地方是一个好例子。我的孩子们在我的诊所都有帮忙过，我也照章付给他们工资。如今一些医院、法院，甚至警察局，都有作义工的机会。鼓励孩子去参与一下，不一定要有物质的回报，一方面学习义务地服务人群，另一方面也可以了解自己对那个行业是否有恩赐和兴趣。

神家服侍

在教会里服侍更是一个好的操练机会，诸如上台的风度，待人接物的学习，扶持老幼，音乐、电脑设计和操作，以及探访、关怀、筹备夏令会等等的活动。这些都是我们自己和我们的孩子们从小所经历的，同时也是多一点机会跟父

母亲交流。

有付出才会有得到，何况作在我们主身上的，更不是徒然的。祂必定"用十足的升斗，连摇带按，上尖下流地倒在你们怀里"（路加福音 6：38）。这种服侍，父母亲需要亲自带动全家去作，也是一个全家温馨沟通的时机。父母亲自己不参与，或者是作得不高兴、不愿意，孩子们是不会有兴趣的。

对我们的孩子们来说，这是不少甜甜蜜蜜的经历，如今就是美丽的回忆。我们自己如今回想一下，真正是低头下拜，满心感恩承认主的话之真实：

"所以，我亲爱的弟兄们，你们务要坚固，不可摇动，常常竭力多作主工，因为知道你们的劳苦，在主里面不是徒然的"（哥林多前书 15：58）。

198

第 20 章

螺旋学习法

温故知新

我们的大儿子小的时候，就像一般的孩子那样，喝了不少的牛奶。但是当我们第一次给他巧克力牛奶的时候，他竟然不喝！了解过之后，才知道因为他从来没有喝过黑色的牛奶，所以不知道如何是好。小儿子更是这样，买一双新的鞋，要放在他的房间里 1 个月，等他看习惯了，才肯把脚放进去！

一般的孩子们对陌生的事物，总是会有一点戒惧的心态，不敢尝试。学习更是如此，特别是资优的孩子们，正是因为他们对周围的事物比较有观察，也比较有思想，没有了解清楚之前，是不敢鲁莽从事、盲目投入的。正如圣经所说的，"愚蒙人是话都信，通达人步步谨慎"（箴言 14：15）。

一个孩子有谨慎的心态是对的，但是身为父母亲，需要帮助他们不要谨慎到裹足不前，没有冒险和尝试的勇气。所以我们发现一个好的方法，就是螺旋式学习法。

基本上，这个观念是从简单开始，一步一步地介绍一件新的事物给他。但是秘诀在乎父母亲必须系统性地介绍，过了一段适当的时候，回到同一件事物，温习以前学过的，并且教导他进入更深的一个层次。这就像在上一个螺旋梯一样，每一次回到同样的一点，总是进深了一步，或者说是提高了一个层次。要紧的是，每一次回到同一个观念的时候，不是重复反复，乃是在同一个观念里面，有新的发现。

一般教导孩子的人之一个问题，是不断地重复孩子已经学过的观念。这里自然有他的理由：所谓熟能生巧。不过如果孩子已经掌握了那个观念，不断的重复，特别是对一个资优的孩子来说，有可能变成沉闷，甚至开始讨厌那个学习。这种心态对学习肯定是没有建设性的。

另一方面的错误，是假设既然孩子已经学会了一个观念，就没有重温的需要，甚至匆促地要求他学习一个新的观念，这是另一种极端。这种作法的问题是，孩子的学习可能有了一个漏洞或者断层，将来可能造成学习上的障碍。孩子没有真正地了解一个观念，可能他自己也不太知道，这是教导的人之责任。

不少孩子的学习，有可能是强迫性的记忆。这种填鸭式的学习，所得到的效果是，知其然而不知其所以然。面对不同的情形，不知道如何应付，是自然的了，那些死记硬背的东西，应付了考试之后，也不一定存留得住。正是白白地用上工夫，却徒劳无功。

一个避免这种错误的方法，是把所学到的观念应用出来。这就要求教导的人自己充分地了解所学的观念，并且可以在日常生活里，平平常常可以接触到的情形之下，把它演绎出来。当孩子将所学的观念，跟现实生活挂钩之后，这个知识才是真的。

总而言之,基本上一方面不要让无谓的重复,使得孩子失去学习的兴趣;另一方面也不要忽略并了解,到底孩子是否真正掌握了所学习的内容,需要知其所以然,而不是单单知其然。归根到底,是需要花时间来观察和了解你的孩子,不可以匆促行事,犯了错误再来改正总不是理想的。

学习数学

数学可能是最适合这样教导的一个科目,也是一般父母亲在教导上最常犯错误的地方。一个典型的例子是:孩子问爸爸,为什么 1 加 1 等于 2? 爸爸可能很耐心地用实物教材示范 1 加 1 如何等于 2,却没有回答孩子"为什么"的问题,最后还有可能骂孩子笨。其实,是他自己对这个观念还没有完全掌握了解。所以基本原则,从开始就要留意,不过需要量着孩子的了解程度,从浅的应用开始。最要紧的是,透过孩子日常生活所接触的事物来阐明。就如雅各对他的儿女的态度:

"我要量着在我面前群畜和孩子的力量慢慢的前行"(创世记 33:14)。

同时,孩子一旦掌握、了解之后,就没有必要勉强他不断地重复,只管进入下一个观念,或者是下一个层次。我们的小儿子在 9 岁的时候,基本上就是跟着课本,在 5 个礼拜里修完 5 年的数学。那一年,我们自己教他。他的课室就是我的诊所,我私人的办公室。症结在乎孩子需要掌握了解观念后面的原理,一个例子就是乘数表,一般人教导孩子都是死记,我们的孩子们却是先了解了原则,然后应用原则在个别的情形之下,这也是所谓以不变应万变之理。

不过,他掌握了他可以了解的层次之后,虽然我们不会勉强他继续地重复,但是过了一段时间,却有需要再回到同一个观念。不过,这回重温旧地的时候,孩子却是已经比以前成熟了。我们可以教导他比较复杂的应用,他对这个过去学会了的观念也有了一个新鲜的发现。学习对他有现实的兴趣了,这正是温故知新。

学习文字

我对一个文字的了解,基本上是一个密码。无论是用词、发音还是文法,总是有个系统的。自然,单词是一个定义的问题,比如红叫作红,黑叫作黑,并没有什么逻辑,只是大家这么定义就是了。但是当我在学习希腊文和希伯来文的时候,一个简单的三子音的动词,可以演绎成几百个组合的字。要一一把它们背下来,实在是个苦差事。了解了原则之后,只要记住基本的动词,其他组合的字就水到渠成地一目了然了。至于记得基本的单词嘛,看得多的时候自然就记得了。

属灵的生命

从孩子们刚刚明白、了解福音真理,会表示要还是不要某种事物之时,我们就带他们作个接受主耶稣基督作他个人救主的祷告。这件事情多数发生在他们 3～5 岁之间。

但是我们并不停留在那里,假设他已经重生得救了,几乎每一年,我们都会再度跟他们温习一遍,每一次都按照他们的了解程度,进深一点,并且按照他们所能够做的,帮助他们建立个人的灵修生活,在人生的决定上追求神的旨意,在生活里面经历神的真实。这样一来,他们的属灵生命便自己独立起来了。

第 21 章

如何帮助孩子 对 学习有兴趣

一个常见的问题

如何帮助孩子对学习有兴趣？这是一个我们常常被问到的问题。一般的父母亲最关心的问题，自然是望子成龙，望女成凤了。而在孩子各方面的成长，华人的父母亲特别留意的，自然就是孩子读书学习的态度了。这个要求而且还是步步高升的，无论如何总要止于至善。北美的华人子弟可以说是在这方面压力巨大，到青少年的时候，更加不得了。以下就是一个典型的例子：

"我的老大是个儿子，15岁了。他来教会并且喜欢来教会，而且信主。他很聪明，成绩很好，但有时成绩也有 C 和 D。我发现他并不是不懂，而是不着急。他总是用不够多的时间来复习，总认为自己已复习好了。总之，我们觉得他不够努力。你如何激励你的孩子？我们希望他自己喜欢学习，并不是为我们学习。"

是的，学习态度和兴趣是问题的症结。首先，让我们从消极方面来看孩子们为什么对学习没有兴趣。

需要父母的同在

有一位9岁的男孩子，作功课的时候总是要妈妈陪伴。

206

妈妈叹息说：只要去听一个电话，孩子的作业就立刻停顿！原来爸爸是一位十分成功的牙医，妈妈是一位更加成功的房地产经纪人，两人终日十分忙碌，就算是在家，也是电话不断。我跟他们谈了好一阵子，孩子终于说，"妈妈，我就是要你！"

培养孩子就需要陪伴他。孩子没有父母亲的陪伴，就没有安全感，心情安定不下来，自然就没有学习的兴趣了。就如一棵小花，没有温馨的泥土，哪里成长得起来？孩子的心里面有一大堆想不通的问题，哪里有可能专心学习？再者，如果再加上父母亲感情的不和谐，在这种诚惶诚恐的精神状态之下，他如何有心情学习？

父母亲同在的第二个好处，是可以随时回答他的疑难。有些时候孩子不一定是真正不会，只是暂时有一个盲点，或者是有一个障碍，父母亲如果可以及时帮助他跨越过去，他才不会停留在那里。或者发生了挫折感，进而对自己有一个认同的问题，认为自己对哪一个科目不会。

我的大女儿小的时候，有一次就是跟我们说她不会数学。原来是她在某一个观念里，出了一点理解上的障碍。经过妈妈解释过，她后来在霍普金斯（John Hopkins）大学的天才审核考试，以及在 12 岁那年的数学考试，都拿到美国西岸的冠军。

父母亲同在的第三个好处，是有人一同学习研究的乐趣。我们的思想总是需要有彼此激发，互相鼓励。就如箴言所说，"铁磨铁，磨出刃来；朋友相感，也是如此"（箴言

27:17)。其实这对父母亲自己也有好处,因为可以跟孩子一同学习,自己的脑筋也保持灵敏,或者还可以学习到一点新的资讯呢。

第四,父母亲同在更可以观察到孩子的天分在哪里。有多少青少年快要中学毕业了,还是茫茫然不知道自己应该做什么,如果进了大学,又应该读什么。很多这种年青人就随随便便地选修一个专业,正所谓滥竽充数,浪费青春。会启发的父母亲,可以帮助孩子了解,自己的潜能是在哪一方面,也可以帮助孩子作决定,到底一辈子应该从事哪一个行业。

"教养孩童,使他走当行的道,就是到老他也不偏离"(箴言 22:6)。

教导孩子主动学习

我说陪孩子读书,主要是在孩子 10 岁以前。到了 15 岁还要人陪的话,那就真是有问题了,那基本上就是补习。今天多少父母亲在孩子小的时候,没有培养出一个好的学习习惯,到了青少年才开始不断地补习,每个科目都要补习。父母亲的花费自然不在话下,孩子也是疲于奔命,真正是劳民伤财。我们的孩子们从来没有补习过。他们从小还常常义务地帮助别的孩子作功课,可以说是免费替别人补习。你或者说这是因为我们的孩子们天资过人,但是从我们讲说自己教养孩子们的书里面,大家就可以晓得,我们的孩子们小的时候,也有他们的学习障碍。

接受主耶稣基督作救主

我们的秘诀,第一就是从小带领他们自己祷告,邀请主耶稣基督进入他们的心中,作个人的救主和主宰。这件重要的事情,是叫他们有一个通天的直线,有困难的时候,可以自己直接向神求告。

我们的小儿子允圣就是一个例子。他本来记忆不好,很怕在众人面前背圣经。但是在他3岁多的时候,我们就带他作了接受主的祷告,所以他需要背圣经的时候,我们鼓励他自己向神求智慧。一晃20多年过去了,如今他拿了电脑博士,在大温哥华的三一大学任教,也是一位相当忙碌的主日和特会的讲员,帮助了不少的年青人。

第二,有了主在他们的心中,我们就可以教导他们直接向神负责任。从此之后,他们的读书不是为了父母亲,也不是为了老师,更不是为了应付考试,乃是向神交账。无论是时间的计划,还是学习的态度,凡事自有圣灵在他们的心中管理带领。父母亲不在身旁,他们也可以有自律的心态。我们作父母亲的,担子很轻松,心情也不会紧张,对孩子们从小就可以放心。

第三,启发孩子认识自我。最晓得他的那一位,自然是造他的创造主了,父母亲的观察顶多也不过是估计而已。只有神完全地认识他,可以最完善地发挥他,并且也可以为他开一条又新又活的道路,为他创造机会,寻找出路。我们的孩子进大学的时候,面临选科目,自然我们有跟他们讨

论,从我们的经验提供我们的分析和建议。但是他们最终的决定,还是自己在神面前祷告所得到的答案。而且这些答案如今回头一看,真是一点都没有后悔,不禁让人欢呼:

"你以恩典为年岁的冠冕,你的路径都滴下脂油"(诗篇 65:11)。

教导孩子有每天的个人灵修

孩子们每天的个人灵修,不但叫他们自己可以认识神的旨意和应许,也给了他们一个经常性的向神呼求的途径。进一步的,他们也可以直接经历神,成为他们一生不能磨灭的确据。将来无论面对如何大的挑战,都可以像雅各在年老时的见证:

"就是一生牧养我直到今日的神,救赎我脱离一切患难的那使者"(创世记 48:15~16)。

上述所有接受了主的好处,如果没有每一天个人灵修的习惯,这接受对孩子就不会真实,更没有经历,上述的好处也不会实现的。是的,主耶稣明明地说过,多少基督徒也会唱得出来:

"你们要先求祂的国和祂的义,这些东西都要加给你们了"(马太福音 6:33)。

第 22 章

 导孩子立志

靠神立志

俗语说，"一年之计在于春"，新年是大家立志的时候。虽然年复一年地立了志，但在年终反省一下时，却还是常常"立志为善由得我，只是行出来由不得我"（罗马书 7：18）。不过在我们自己的经验里，当我们教导我们自己的孩子们，从小靠着神立定志向，然后把他们交托给神，他们每一位都没有叫我们失望。其实，圣经也这样地应许我们，"教养孩童，使他走当行的道，就是到老他也不偏离"（箴言 22：6）。

我们的小女儿 3 岁的时候就决定要做医生，如今她在 26 岁拿到哈佛大学的医学与生化双博士之后，就在圣地亚哥行医。小儿子从 14 岁开始就清楚：当神呼召他出来作传道人的时候，他就愿意跟从神。如今他从 27 岁拿到电脑博士之后，就一方面在温哥华的三一大学教数学与电脑，一方面在大温哥华一带与北美到处讲道事奉主。我已经看准，他迟早要放弃他的教学，全时间以祷告传道为事。神自然有祂所定的时间。

不过，今天不但很多大人有困难，立志而不行，孩子们更有这个困难。最近我就有机会辅导一位大学生。他并没有做不好的事，也不交不良的朋友，学校还给了他一笔相当不错的奖学金，问题就在于他戒不掉玩电子游戏机，跟上网游戏的习惯。他再三地立志，却是再三地泥足深陷。有人认为他只是天生的意志薄弱。其实，问题是在乎没有从小被教导如何立志。教导孩子立志起码需要从三方面开始。

立志信主

今天不少的基督徒家庭，以为把孩子们带到教会就够了，孩子们信主的问题交给教会的主日学老师就可以了。但圣经的原则却是：教导孩子认识神，接受主。毫无疑问的，这是父母亲的天职。从旧约时代，神就已经这样吩咐他的百姓，"以色列啊，你要听，耶和华我们神是独一的主。你要尽心、尽性、尽力爱耶和华你的神。我今日所吩咐你的话，都要记在心上。也要殷勤教训你的儿女，无论你坐在家里，行在路上，躺下，起来，都要谈论。也要系在手上为记号，戴在额上为经文。又要写在你房屋的门框上，并你的城门上"（申命记 6:4～9）。

许多基督徒父母亲的第一个障碍就是，不知道在什么场合里跟儿女谈论救恩。对我们来说，每天晚上临睡前或者是晚饭后的家庭灵修，是最自然的场合了。第一，那是一段十分温馨的时光，是我们的孩子们觉得跟父母亲特别亲近的时刻。特别是如果孩子们跟父母亲的关系是温暖的，他们更是期望跟父母亲永远在一起。第二，那也是我们一同读圣经的时候。话题要引进与神的关系，以及永恒的事情，是顺理成章的。这样一来孩子们也不会觉得唐突，大人

更不会觉得牵强和别扭。自然,大前提是这个家庭必须先有了家庭灵修的习惯。

我的大儿子 3 岁的时候,他说自己的心里还没有上帝,我们很简单地问他要不要。他说要,我们就带他作了一个简单接受主耶稣作救主的祷告。小儿子就比较复杂一点。那是有一天在我们晚饭后,话题谈到主耶稣的再来。我给他的问题是:主耶稣降临到空中的时候,我们全家手拉手地在空中与主见面,是何等的美好。不过爸爸不能够抱你上去,你需要自己有耶稣的生命。哥哥姐姐们也一同鼓励他,他就很自然地跟我作了一个简单的接受主耶稣作救主的祷告,这是他毕生难忘的一天。我们还将那个日子写在他当时所用的圣经里。这是他接受主的过程,现在我们的孙儿们也有同样的经历了。感谢主!

有了这个通天的热线,孩子们从此的祷告就不是空说了,他们可以直接向神求了。我们的小儿子本来讲话慢,在众人面前害羞,要在众人面前背圣经实在是难于登天。我们就是鼓励他根据圣经的应许直接向神求。"你们中间若有缺少智慧的,应当求那厚赐与众人,也不斥责人的神,主就必赐给他"(雅各书 1:5)。他的记性就是这样开了窍,公开演讲的本领也是这样培养出来的。

有了圣灵在心中,圣灵可以管理他,也可以保护带领他。这样的孩子就没有自律的困难。不过,我们并没有停留在那第一次的决志祷告。在孩子们成长的过程里,我们多次继续跟他们重温这个决志,让他们在不同的了解层次里都有一个清楚的接受。这并不见得是多次的"得救"，乃是再度的肯定，同时也可以为他们回答一些当时的问题。我自己个人的重生得救也是有不同阶段的。

立志灵修

我发现信徒的孩子们没有经常性的每天个人灵修，是这些孩子们长大之后流失的一个大原因。这样的孩子就不会系统性地自己经历神，他们的相信，甚至于信主的决志，有可能变成一种传统，或者是宗教上的形式，是空洞的，不现实的，更不是自己的。孩子们自动自发地天天灵修，喜爱神的律法，第一是不但能够发现圣经里面有多少神的应许，更叫他们能够自己直接地去经历。哥林多后书 1 章 20 节说，"神的应许不论有多少，在基督都是是的，所以藉着祂也都是实在的，叫神因我们得荣耀。"

第二，他们既然自己读了神整体的圣言，又有了圣灵在他们的心中教导他们，就自己会分辨是非，不会中了异端的欺骗，生活也有了原则，自己知道什么是该做的，什么是不该做的。进一步在人生的决定上，父母亲也不必啰啰嗦嗦，不断地教训他们。有些时候孩子们还可以提醒父母亲呢！

第三，他们在不知不觉地装备自己，以在将来事奉神。我们越来越发现事奉神，最重要的是熟悉神的话语，那就是圣经的话，因为只有在神的话语里面才有能力。

阿摩司书 8 章 11～12 节说，"主耶和华说，日子将到，我必命饥荒降在地上。人饥饿非因无饼，干渴非因无水，乃

因不听耶和华的话。他们必飘流，从这海到那海，从北边到东边，往来奔跑寻求耶和华的话，却寻不着。"

帮助孩子们从小明白圣经的话，如保罗所说，"真实的道理，神的大能，仁义的兵器在左在右"（哥林多后书6:7）。

立志献身

孩子们从小献身，有些人误解是一定要作传道。其实，保罗在罗马书12章1～2节中强调这件事应当应用在所有基督徒身上，"所以弟兄们，我以神的慈悲劝你们，将身体献上，当作活祭，是圣洁的，是神所喜悦的。你们如此事奉，乃是理所当然的。不要效法这个世界，只要心意更新而变化，叫你们察验何为神的善良、纯全、可喜悦的旨意。"不然的话，神的旨意就不能实现在我们身上了。只有神的旨意才是真善美的，也可以保护我们脱离这世界的挟制。

孩子自己献身之后，他的人生道路的安排就轻松多了，作父母的也可以放心。其实，献身就是完全地顺服神的旨意。一个人若不是先有了一个完全顺服神的心态，他也不会明白神的旨意。年青人应该读什么科目？将来应该进入哪一个行业？建立家庭时应该找哪一位对象？这一切的决定关键在乎是否神的旨意。如果是他亲自从神得到的带领，作父母的就可以放心地说"阿们"，他自己也不会后悔的。

让我们再一次在神面前重新作这三项立志，让孩子们专心跟从耶和华。

第 23 章

培养孩子 的 品格

原则不变

　　我们到处举行亲子讲座的时候,总有一段答问的时间。其实我们发现这一段时间,可能是整个讲座最有效的一段,因为是针对听众的需要。不过偶尔也会有人问一些很大的题目,基本上是可以写一本书的。在那几分钟里面,很难给他一个满意的回答。不过一般来说,我们都会尽量去回答,起码给他一个方向和一些大原则。

　　问的人最有可能的困惑,就是孩子一直在改变,社会环境也一直在改变,连父母亲自己也一直在改变。面对这三方面的改变,常常叫身为父母亲的人,手足无措,不知道如何是好。一向行得通的办法,忽然间得到一个完全相反的结果。自然在这个千变万化的世界,有一定的灵活度是应该的。但是难道教养儿女就是这样随波逐流,漫无方向的吗? 一般用心良好的父母亲,都会觉得这样的教导是不理想的。我们的原则是:以不变应万变。

　　首先是原则不变。箴言的名句,"教养孩童,使他走当行的道,就是到老他也不偏离"(箴言 22:6)。这原则第一要紧的是,我们教导的是否真理? 小孩子不懂事,有可能好像无理取闹。大人可能为了要应付暂时的问题,就顺口讲了一些不真实的话；或者是恐吓孩子叫他不要吵；或者是哄骗孩子叫他不要哭；或者是自己对孩子所问的问题，并没有知识，但是为了面子问题，就随便胡扯；或者是盲目地抓住一些以讹传讹而来的传统方法和知识。有一天，当孩子长大了，他自己发现了父母亲所说的话，原来并不真实。这孩子很容易就会把父母亲所说的话，完全地一笔勾销。这就是青少年反叛期的一个大原因。

有一位母亲埋怨说，她15岁的儿子变了，现在十分反叛。故事原来如此：因为种种的因素，孩子早上很容易会睡懒觉，赶不上去学校。她一向的方法是，兜头一巴掌打过去，孩子就起来了。谁知现在孩子的身量比她还高大，顺手一挡，她就无可奈何了。问她这方法从何而来？原来她的妈妈也是这样教她的！

我们教导孩子们的大原则，就是圣经的创造主教导以色列人如何教导孩子们的原则：

"以色列啊，你要听，耶和华我们神是独一的主。你要尽心、尽性、尽力爱耶和华你的神。我今日所吩咐你的话，都要记在心上，也要殷勤教训你的儿女，无论你坐在家里，行在路上，躺下，起来，都要谈论。也要系在手上为记号，戴在额上为经文。又要写在你房屋的门框上，并你的城门上"（申命记6:4～9）。

这大原则第一是要爱神，我们的创造主。第二是所教导的真理乃是神的话语，就是圣经的话。这样一来，这个孩子从小听话的对象就是神，他所听的话就是圣经的话语。

他一辈子无论面对怎样的挑战,哪一种的诱惑,多辛苦的困境,他都知道只要对神负责任,他天上的父亲也必定供应他一切的需要,加给他力量。面对任何道路上的选择,他心里面自有创造主的话语,作他的引领。

"我儿,你若领受我的言语,存记我的命令,侧耳听智慧,专心求聪明,呼求明哲,扬声求聪明,寻找它如寻找银子,搜求它如搜求隐藏的珍宝,你就明白敬畏耶和华,得以认识神。因为耶和华赐人智慧,知识和聪明都由祂口而出"(箴言 2:1~6)。

我们既然也从小带领他邀请了主耶稣进入他的生命,他就有了圣灵在凡事上带领他:

"你们从主所受的恩膏,常存在你们心里,并不用人教训你们,自有主的恩膏在凡事上教训你们。这恩膏是真的,不是假的。你们要按这恩膏的教训,住在主里面"(约翰一书 2:27)。

行事不变

上述箴言的话强调"使他走当行的道"。所以从小教导孩子们,不是单单给他一些头脑的知识,乃是要帮助他落实地遵行圣经的话。这就要求父母亲晓得如何现实化地应用圣经的原则了。当然,父母亲也需要言行一致。不然的话,孩子们一下子就看出来了,他们就看穿了父母是纸老虎,一方面对父母的话不再信任,另一方面也学会像父母钻法律的缝隙,假冒为善。

从小让孩子们知道父母亲也是人，并不是全知的，也不是全能的，会有错误和软弱，只有天父是不会错的。这样当父母亲有达不到标准的地方，孩子们会谅解，也会自己学习直接倚靠天父，不会因为人的因素而跌倒。

　　关于相信神的话语所带出来的行为，父母亲们常常有一个误解，认为孩子们既然还小，就不要拘泥，要求他们按照圣经的原则来进行。所以从小没有养成一个习惯，真正敬畏神，把神的话语当作一回事。其实，正是在他小小的年纪，小小的事情上，学习遵行神的旨意，渐渐地在大的事情上，他才会顺服神。这正是保罗在罗马书所说的：

　　"因为神的义，正在这福音上显明出来。这义是本于信，以致于信。如经上所记，义人必因信得生"（罗马书1：17）。

　　在小事情上有了信心的经历，当面对着更大的挑战时，他就更有把握相信神的话语了。我们的孩子们就是如此经历神。从小在家里学习好了，一辈子都有了秘诀，在哪里都不会怕。

世界会变

　　无可否认的，这世界整天在变。政权会变，科技会变，资讯会增加，社会潮流会变，甚至道德水准也会变。我们不一定要跟着潮流来变。这种随波逐流的人生，是漫无目标的，孩子们也会变得不知道何去何从。一个散漫的人生，不愿意学习，不肯实事求是，就这样开始了！虽然众人皆醉，

我们还是可以独醒的。创造主的原则是永远不变的,"耶和华啊,你的话安定在天,直到永远"(诗篇 119:89);"我看万事尽都有限,惟有你的命令极其宽广"(诗篇 119:96)。

但是这个世界上的事情,我们却应该知晓,更加应该知道如何去分析取舍。一个例子就是 70 多年前的美国教会,有一位中学老师 Scopes 告上法院,要求在中学里教进化论。当时的教会在法庭上很正确地站稳圣经的立场力争,但是没有提出科学的证据,也没有审核进化论的证据。原因就在于一个错误的看法,认为圣经与科学不相关。另一个错误,就是把科学家的看法当作科学的事实。没有证据地只是顺口说神学是高过科学,圣经的话语高过物质的证据。结果当时的进化论者提出了一些所谓的科学证据。

虽然当时的法院判决基督徒赢了,但是 25 年以后,案件却翻转了:学校不但可以教进化论,甚至现在变成连创造论都不可以教。基督徒也一直被扣上了"无知、封建、迷信"的帽子。

其实,当时的基督徒如果肯研究一下的话,肯定可以根据科学的证据与进化论者力争,也会发现科学的证据明显是支持圣经所说的,并且反对进化论所说的。一个最可笑的事是,当时的进化论者所提出来的一个证据,美洲原始人内布拉斯加人(Nebraska Man)竟然是根据一个猪的牙齿推论出来的! 基督徒没有指出来,实在是太无知,太可惜啦。

所以身为父母亲的人,需要不断地学习,了解孩子们耳濡目染的是些什么东西,学校在教什么,这些我们都不能不知道。不会电脑的父母，应该学习使用电脑，不然哪里知道孩子整天对着电脑是在干什么。孩子们看电视的时候，需要陪他们看，才能够帮助他们取舍。孩子们所听的流行音乐，父母亲也需要了解，并且帮助孩子分辨。

爱不会变

"爱是永不止息。先知讲道之能终必归于无有，说方言之能终必停止，知识也终必归于无有。我们现在所知道的有限，……如今常存的有信，有望，有爱；这三样，其中最大的是爱"（哥林多前书13:8,13）。

俗语说，血浓于水。孩子们长大的过程，一个最受不了的感受，就是觉得父母不再爱他了。在语言上，在语气里，在身体语言，在教导的态度上等等，这一切都叫孩子们觉得父母不再爱他了。这样的孩子自然会自暴自弃，不但不自爱，也会反叛。

所以，父母亲应该在孩子不同的年龄阶段，经常地以言语、以身体的表态，向孩子再三地肯定对孩子的爱。一个温馨的拥抱，一声温柔的"我爱你，孩子!"，可以消除多少的误解。

"恨，能挑启争端;爱，能遮掩一切过错"（箴言10:12）。

第 24 章

不受同侪压力

同侪的压力

有父母亲在讲座中问我下列的问题：如何培养青少年子女整洁习惯、礼貌，以及不受同侪压力？对孩子的希望，他人的标准与你的不一样怎么办？如何看待社会环境的影响？

是的，自古至今，不但是青少年，就是大人也不断地有同侪的压力。所谓"人比人，气死人"，明知道不必要跟别人比较，但是又不知不觉地总会有那样一种心理。心里面知道大潮流不一定是对的，但是又经不起那个排山倒海的压力。心里一动，接下去就是想要学人家了。鹤立鸡群，与众不同，出淤泥而不染，作中流砥柱，实在是不容易。这种压迫感从小孩子的时候就可以看得出来。到了青少年时期，孩子在学习肯定自己的时候，就变本加厉了。

所以，这个问题是必须从孩子很小的时候，就开始处理和预防。到了青少年时期，就算还有一点亡羊补牢的可能性，但花的时间会更多，付上的代价会更大，忍受的伤心也会更深，常常还有可能变成覆水难收，无可奈何。这种例子比比皆是。

自我形象的不肯定

孩子在成长的过程中没有认识自我的价值和尊严，自然而然地想在他的环境中寻找他当时认为理想的形象。最容易见到的，自然是有外才，风头劲，有群众吸引力的人物，偶像崇拜油然而生。所以，孩子们的房间里挂满了流行歌星的照片，发型身态都要学得逼真。大人岂不是常常也这样吗？所以，我们很容易不经意地，从孩子们小的时候，就塑造了一个要向别人看齐的心态。

这塑造的过程，第一是比较。从在母腹的时候就比较大小，一生下来肯定会比较重量。在成长的阶段还要比较里程碑，包括体重、行动、说话、智能，等等。上学的时候，更是只可以在"资优班"，不可以在"放牛班"。还有其他的课外活动，诸如音乐、舞蹈、艺术、科学、演讲，等等。

在这排山倒海的压力之下，孩子一则可能对父母亲的价值观起了反感；二则可能产生自卑感，认为自己不合父母亲的期望，人生是个失败；三则干脆放弃，随着潮流跟着同伴们放纵自己，反正什么都达不到，那就无论父母亲说什么都不管了。

第二是不了解孩子的个性、天分、才干和发挥的方法。所以，父母以为很自然的学习方法，对孩子可能觉得很困难。结果觉得自己天分不好，读不好书。有时还有父母亲以外的人给孩子的压力。

我的小儿子就是一个例子：他开窍好像比较晚一点，又比哥哥姐姐们小好几岁。在他5岁的时候,哥哥姐姐们都已经在读大学和研究院了。好心人有的时候会问我们:你的第4名天才儿童进大学没有?这孩子听到这些话,肯定会有压迫感和自卑感的。不过,我们根据自己教养儿女的秘诀来施教,结果他也是13岁进大学,18岁完成数学和电脑双本科毕业,便开始在大学作助教;拿了数学硕士跟电脑博士之后,现在大温哥华一间大学教电脑与数学,同时也保持着十分忙碌的讲道事奉。

第三是没有给孩子心理准备,特别是在这种多元文化的地方,如何敢超群出众,肯定自己不会同流合污,如何接纳自己的种族、身份、肤色、身材等等,都要有心理准备。记得我们的大女儿小的时候,在公立小学被同学取笑是个小虾米,回家的时候她十分伤心。但是我们告诉她:人家叫你是什么,你不会就变成什么;神造你是什么,那才是重要的。

孩子没有沟通的途径

在家里不但没有人可以沟通,有些时候连讲话都不敢。满怀的胡思乱想,人生的疑惑,前途的渺茫,社会给他的恐惧感,如果自己的父母亲不了解,也没有耐心聆听,孩子只有找跟他可以同病相怜的同侪来倾诉了。他可以整天打电话,讲个不停,躲在被窝里都可以谈上几个钟头,跟大人说话却两三句就收场。这叫做"话不投机半句多"。他也可以整天在外留连不回家。现代的孩子也可以上网跟别人聊天,几个钟头下来,哪里有时间完成他的作业?最近又有网

上的游戏,可以叫孩子神魂颠倒。我曾经见到一位年轻人,为了不要父母知道,半夜起来上网,谈到天亮才去睡觉,因为对方是在地球的另外一边,结果自然是上课的时候都在打瞌睡啦!

良好的沟通自然也是必须从小建立起来的,在这方面,青少年时期的男孩子特别需要与父亲的沟通。可惜多少父亲们与孩子们,特别是与男孩子们交谈时,只有严厉的责备,或是无情的教训。一位十分疼爱儿子的老总曾对我说,"我跟儿子在一起的时间不多,所以见面的时候,一定要讲一些有素质的话!"儿子的回应却是,"我满腔的爱意全给老爸冷酷的话冲走了。"他所说的"有素质的话",也全部姑妄言之,姑妄听之,等于白说了!我最痛心的是:有些这样的父亲,还自豪地说孩子十分怕他。其实,他跟孩子的沟通,已经全盘崩溃了,孩子在想什么也不会告诉他的。

难怪孩子们喜欢三五成群到处游荡,基本上是在彼此诉苦,同病相怜。最危险的是他们都是初出茅庐的毛头小子,满面天真,没有处世的经验,应付大局有些时候会造成大错。

在某一个地方,有个 16 岁的小伙子就告诉我,他有个朋友被父亲虐待,整天关在笼子里面。他和 2 位朋友好不容易把他救出来,谁知道大伙儿吸毒的时候,这位被救出来的朋友竟然死于"安非他命"中毒!

孩子帮孩子,常常有可能搞出这样的悲剧。父母亲们常常会很容易责怪别人的孩子说:是那班坏孩子把我的心肝宝贝带坏了,而别的孩子的父母也是说同样的话!

父亲的责任

在这一方面,父亲的责任特别重要。父亲是孩子们最鲜明的榜样,无论是男孩子或是女孩子,都会很自然地向父亲看齐,所以我们中国古语说,"养不教,父之过"。

圣经也有同样的看法。在列王纪和历代志里面的君王,圣经总是给他们一个盖棺定论,那就是这位王行耶和华眼中看为正、看为善的事,还是看为恶的事。连带总是会提到,他的或是善或是恶,是否效法他的父亲。所罗门王就是一个不肖子的例子,"所罗门行耶和华眼中看为恶的事,不效法他父亲大卫专心顺从耶和华"(列王纪上11:6)。希西家王却不是这样,"希西家行耶和华眼中看为正的事,效法他祖大卫一切所行的"(列王纪下18:3)。亚们王又是另外一种,"亚们行耶和华眼中看为恶的事,与他父亲玛拿西所行的一样"(列王纪下21:20)。

身为父母的人,先要认识自己,先不要跟别人相比,在社会潮流背逆圣经真理的时候,更可以自己心里坚定,若不能兼善天下,起码也要独善其身。但是做到这一切还得要沟通。那就是说,跟孩子有话说,让孩子在需要我们的时候,我们可以聆听,也可以用真理的原则来给他一个正确的回答。如果我们对孩子从小有这样的培养,他就是有一天自己一个人的时候,也知道如何应付任何一个场合。

我们家的秘诀,就是从小跟我们的孩子们实行家庭灵

修,带领他们接受主耶稣作他们个人的救主,并且一到他们自己会读书的时候,就教他们自己进行个人灵修,从此他们就有了一条通天的直线,我们也不必为他们担心了。他们就是有同侪,也是互相扶持,彼此鼓励依靠神。

圣经里就有一位青少年,他虽然出身名门,却在战乱中被掳,并且被阉了,被带进异国的皇宫作太监,还要学习为掳他的暴君作军师,这实在是不容易。结果他却升为宰相,真正是出类拔萃,与众不同。这一位就是但以理。

圣经说他的秘诀就是,"但以理却立志不以王的膳和王所饮的酒玷污自己,所以求太监长容他不玷污自己"(但以理书1:8)。并且他晓得用理性,有条有理地向管理他的人提供一个具体合理的方案。他的靠山是,"神使但以理在太监长眼前蒙恩惠,受怜悯"(但以理书1:9)。他也有他的同侪:三位好朋友。他们同心合意地立志跟从神。第2章里面,当他们遇到第一个考验的时候,"但以理回到他的居所,将这事告诉他的同伴哈拿尼雅、米沙利、亚撒利雅,要他们祈求天上的神施怜悯"(但以理书2:17~18)。这种同侪是一同"清心祷告主的人追求公义、信德、仁爱、和平"(提摩太后书2:22)。结果神的祝福是超人一等的!"这四个少年人,神在各样文字学问上,赐给他们聪明知识。但以理又明白各样的异象和梦兆。尼布甲尼撒王预定带进少年人来的日期满了,太监长就把他们带到王面前。王与他们谈论,见少年人中无一人能比但以理、哈拿尼雅、米沙利、亚撒利雅,所以留他们在王面前侍立。王考问他们一切事,就见他们的智慧聪明比通国的术士和用法术的胜过十倍"(但以理书1：17～20）。

但以理从小所学习的，就是直接地依靠神，真正是到老也不偏离。

第 **25** 章

谈谈爱 的 表达

表达爱

2 月份虽然气候寒冷,但是却欣逢两个佳节:农历的春节,"爆竹一声除旧岁",大家喜气洋洋,是小孩子最喜欢的一个季节。我自己小的时候,对春节的来临总是带着相当热切的期待。妈妈爱心所预备的年糕,爸爸妈妈一同下厨预备的十几道菜,自然还有少不了的红包。哥哥的红包一下子就全部通过放爆竹烧掉了,而我就小心翼翼地收起来,积蓄作将来有什么大计划。西方世界则有情人节,英文其实是"圣瓦伦丁日"(St. Valentine's Day)。圣瓦伦丁原来是个殉道者,为了他对主耶稣的爱,不愿意放弃他的信仰而回到罗马暴君的偶像敬拜,毅然不顾性命地为主作见证。假以时日,这个假日转变成对所亲爱的人的爱之表达。这也不足奇怪,因为创造主原是一切爱的源头,一位爱神的人也一定会爱人的。

中国古语说,"每逢佳节倍思亲",其实每一天都是表达爱的机会。我在讲道的时候常常会问小朋友们,"爸爸妈妈会不会亲得太多?"每一位小朋友都会摇头的。对孩子们来说,爱的表达哪里会太多的! 不过一般来说,女人还是比较会表达爱,我们男人一般都被指责为"木头人"。不过一个

人会不会表达爱有不同的原因。据我的观察,这跟他的成长过程有一定的关系。

缺乏爱的经历

爱从来就没有单方面的。但是人的本性就是需要爱,一生下来就需要爱。医学上也告诉我们,初生的婴孩不能单单喂他吃奶,换换尿片就算了。不可少的是经常跟他说话,跟他笑,亲亲他,有感情地抱抱他,告诉他"我爱你"。没有这种经历的婴孩,一般生活能力都比较差,这个现象早已经在孤儿院里观察到了。这些孩子实在是可怜。可惜在今天这个繁忙的社会,不少正常家庭里也不知不觉地叫自己的孩子们遭受到同样的光景。

曾经有一位祖母很高兴地告诉我们她替女儿照看两个孩子的经历,她很自豪地说,真是轻而易举。两个孙子,一个不到 1 岁,一个不到 2 岁。女儿每天早上一把孩子们交给她,她就把他们放在婴儿床里,一人给他们一个奶瓶,一个枕头靠背,一张软软的被子,给他们抓靠,对着电视机,饿了有得吃,累了就睡觉,又有娱乐,一个早上就这样过去了,好轻松容易呀!谁知她所建立的:

1. 孩子们没有人际沟通,以后就缺少人情。

2. 孩子们养成了一个习惯,盲无目的地看电视,以后变成一个不能改掉的习惯。

3. 孩子们在有需要的时候就是吃,以后就会有食欲的问题,或是偏胖,或是偏瘦。

234

4. 孩子们的安慰就是他们的被子，以后养成了用物质来满足情感上需要的习惯。

这4个大问题，正是今天教养儿女所面对的，也是很多成年人所有的心理问题。但是祖母只有他们2人，多少总有多一点的个人关怀。今天又有多少人毫不考虑就把孩子从小放在幼儿园和托儿所里，其后果更是不堪设想。

到了学龄阶段，因为父母亲忙于工作，孩子们更是处在一个自生自灭的状态。回到家里对着一个空房子，只好看看电视，上上网，玩玩电子游戏，哪里有兴趣作功课？时间就这样消磨掉了。更糟的是可能把自己关进一个虚幻的世界。理性又内向的孩子，有可能长大了不会跟别人沟通，表达爱；感性又外向的孩子，有可能因为缺乏爱，而自己寻找爱，就从最明显的情欲方面来表达，进入各种的性放纵。

受过伤害

一个曾经被伤害过的人，有可能对爱有一种恐惧感。我曾经听过这样一个故事：有一位宣教士带了一位小男孩进教会听福音，讲台上提到创造主上帝永恒的爱：我们的天父永不离开我们，不像地上的父亲，迟早都会离开我们。这孩子听到这里，竟然惊慌地离座跑到外面去了。宣教士百思莫得其解，后来才知道，这孩子的生父对他很凶，常常打他，现在再加上一个永远跟他同在的爸爸，那还了得！

有一位年青人跟我谈到他小的时候，如何希望给妈妈抱一抱，亲一亲。他5岁的时候，每一天都要主动做一个手

工艺品送给妈妈,就是希望妈妈会抱一抱他!妈妈总是一手把他的心血撕掉,有时妈妈心情好,就拿他来开玩笑:妈妈会笑咪咪地逗他,让他以为这回妈妈会抱抱他啦。谁知当他越走越近时,妈妈就一把将他推开说,"你以为我会抱你啦!"这实在太残忍了!这个年青人长大了自然不肯抱人,也不肯被人抱了,在建立关系上自然会有问题。

有一些人长大之后,或者因为无知,或者因为现实条件,在爱情生活上受了创伤。这样的苦毒,首先会影响这人跟亲人的关系。我见过不少的单亲妈妈,被丈夫离弃之后,自己辛辛苦苦地培养孩子,结果因为自己内心的苦结没有解决,终日向孩子吐苦水,对自己所留下唯一的爱的对象,不知道如何表达爱。孩子都不必到了成人,就是在青少年时期,就一方面对父亲存怨恨的心,另一方面又讨厌妈妈吐苦水,母子都十分痛苦。其次,他如果想再建立一个新的关系时,可能不敢拿出真感情来,恐怕再度受伤害。有可能来了一位真的可以爱他的人,也被他赶走了。那真是太可惜了,等于把自己永远关在一个感情的茧里面,一辈子坐在自己心灵的监牢里。

爱的医治

一个受过伤害的人,要重新得到医治并不是简单的。第一,他要接纳自己是可爱的。这种人多数有了一个不健全的自我形象,以为自己不可爱,也一辈子找不到真爱。在情感生活方面,是个失败者,也必然继续失败。要胜过这一

236

关并不容易,过去的疤痕可能太深了,就如诗篇 129 篇 3 节所说,"如同扶犁的,在我背上扶犁而耕,耕的犁沟甚长。"心灵里面已经有了轨道,思路很容易随着轨道想到过去的死胡同。这种人需要一个全新的自我形象,又如罗马书 12 章3 节所说,"我凭着所赐我的恩,对你们各人说,不要看自己过于所当看的,要照着神所分给各人信心的大小,看得合乎中道。"正确的自我形象需要回到创造我们的那一位,从祂的观点来认识。

　　第二,要表达爱,这个受伤害的人需要先有爱的浇灌。没有被自己的父亲爱过的人,常常难以向自己的孩子表达爱,原因是没有爱的榜样。我曾辅导过一对父子,儿子说爸爸不爱我,爸爸说哪里不爱他呢? 我的回答很简单:你曾经抱着你的儿子对他说"孩子,我爱你"吗? 他的回答是,"肉麻死啦! 我妈都没有这样对我说过。"晓得向下一代表达爱,有些时候需要先跟自己的上一代复合,有个温馨的爱的表达。这件事情也是不容易的。有些人还会反驳:为什么我这个夹在两代之间的人,需要主动地先对上下两代表达爱? 再者如果上一代已经过世了的话,那更是"树欲静而风不息,子欲养而亲不在"。有不少人就这样不明不白地传递下去这个包袱。一个这样不会爱的家庭实在是太可怜啦!圣经罗马书 5 章 5 节说,"因为所赐给我们的圣灵,将神的爱浇灌在我们心里。"当天父的爱浇灌下来的时候,我们就有了爱的经历。约翰一书 4 章 11 节又说,"神既是这样爱我们,我们也当彼此相爱。"又说,"亲爱的弟兄啊,我们应当

彼此相爱,因为爱是从神来的。凡有爱心的,都是由神而生,并且认识神。没有爱心的,就不认识神,因为神就是爱"(约翰一书 4:7~8)。是的,完全的爱是从完全爱的生命来的。有了这个爱的生命,才有这个爱的能力。

第三,旧伤痕需要医治,需要处理。这旧伤痕的第一个表现是恨。所恨的人可能不在身旁,或者根本不在世上,但是这个恨的疤痕,在这当事人的心中耿耿于怀,一辈子背负着。这一定会影响他跟别人的爱的关系。"我们因为爱弟兄,就晓得是已经出死入生了。没有爱心的,仍住在死中。凡恨他弟兄的,就是杀人的。你们晓得凡杀人的,没有永生存在他里面"(约翰一书 3:14~15)。活在恨里等于住在死中,这是一个十分痛苦的事情。旧伤痕的第二个表现是惧怕。惧怕掌握不了现在所有的关系,惧怕建立一个新的关系,惧怕再度受伤,惧怕患得患失。这种人是十分痛苦的,圣经称他是在刑罚里面,"爱里没有惧怕。爱既完全,就把惧怕除去,因为惧怕里含着刑罚,惧怕的人在爱里未得完全"(约翰一书 4:18)。主耶稣基督来了,"祂被挂在木头上,亲身担当了我们的罪,使我们既然在罪上死,就得以在义上活。因祂受的鞭伤,你们便得了医治"(彼得前书 2:24)。这样主耶稣就把我们的惧怕除去,也免去了我们心灵里天天所担当的刑罚。

让我们敞开我们的心怀,接受神爱的生命,让祂的爱浇灌下来,使我们能够自由温馨地表达爱。"我们爱,因为神先爱我们"(约翰一书 4:19)。

第 **26** 章

与孩子们分 担 困难

按照孩子可以理解的

家庭遇到困难的时候，一般的父母多数不愿意告诉孩子们，主要的原因还是想保护孩子，不想给孩子们负担，认为孩子们不能够明白，受不了，甚至会加添父母亲的担子。其实，无论孩子们能不能够分担困难，或者是否需要一同挑起家庭的担子，或者有否能力来帮助，父母亲按照孩子的理解能力，跟孩子们保持一个开放的沟通，都是有益无损的。事实上，如果事情有关孩子们的话，父母亲又没有及时与孩子沟通，过后孩子们可能还会责怪父母没有给他们表达意见的机会。这种情形我也见过不少。

父母不愿意或者没有想到跟孩子们分担困难，最明显的原因自然是以为孩子不会明白的，告诉孩子只有无谓地增加孩子们的精神负担。反正他们不知道，也不会烦恼，不知不觉可能是最快乐的吧！其实，父母以为可以瞒过孩子们，却不知道自己在烦恼的时候，无论表情掩饰得多么好，孩子们还是可以很微妙地看出父母的担心和烦恼。就是一个小婴孩都可以感到父母的不安，自己又不知道到底是怎么一回事。这样的缺乏安全感可以叫这小婴孩莫名其妙地紧张和哭闹。至于比较大的孩子，就是那些会自己思想的，更加会从父母的蛛丝马迹各方面去猜测到底是怎么一回事。这种盲目的猜测只有叫孩子更加苦恼，不知道如何是好。最痛苦的可能是父母亲不和，婚姻发生了问题，父母亲的冷战成为孩子们终日惶惶不安的大原因。到青少年时期，或者是把吵闹的音乐开到最大音量，或者到外面寻找安静和逃避的地方。

父母不知道如何跟孩子们解释所面对的问题，一个最大的原因可能是自己也不大了解自己的问题，所以对孩子们更加不知所措。旧约圣经的雅各有类似的情形。创世记 32 章记载了雅各当时的矛盾：当初他欺骗了他的哥哥，所以需要逃到亚兰地，如今无论如何总要回到老家。32 章 6 节证实了他所惧怕的，"所打发的人回到雅各那里说，我们到了你哥哥以扫那里，他带着四百人，正迎着你来。"自然，他有一些具体的计划，但是这个计划实现出来的结果，是他完全不能预料的。他心里面的彷徨是可想而知的。在这种情形之下，圣经告诉我们，他的方法是抓紧神的应许。雅各的祷告充分地表达了他对神的应许之执著，也表达了他了解自己的完全无助。这是一个合神心意的态度。圣经没有记载雅各到底有没有跟他的家人，包括孩子们商量。但是他在安排他的全家成为一对一对的时候，可能有解释一下。归根到底他的心态是，"你不给我祝福，我就不容你去"（26 节）。父母亲该向孩子们表达的是对神的信心，然后把孩子带到神的面前一同祷告。

量着孩子们的力量

父母亲舍不得跟孩子们分担问题的另一个原因是,恐怕孩子们受不了。的确,特别是一些有责任心的孩子们,可能会把问题都放在自己身上。曾经有一个女孩子,在她生下来之后不久,她的父母就离了婚。这可怜的孩子竟然认为自己是父母离婚的原因,还说但愿自己没有生下来! 有可能当时她的父母亲也自顾不暇,所以没有好好地跟她沟通清楚,以至于引起她这种自责和不自爱的心境。不过如果一个家庭,一向都有每天的家庭灵修,夫妻之间的沟通也不会到了这个不可收拾的光景。

经济上的危机是另一个不容易跟孩子们分担的困难。小孩子可以做什么呢? 同样的,透过神的话语,全家可以有一个信心的经历。神的话说,"少壮狮子还缺食忍饿,但寻求耶和华的,什么好处都不缺"(诗篇 34:10)。孩子们也可以学习小心用钱。我个人的一个见证是,几乎 30 年前,在一个圣诞节期间,我的现金周转上有一点困难。但是我们每年寒假都带孩子们出去游山玩水,是我们全家活动的一个重要时机。在我们家庭灵修的时候,我们为了这件事祷告。我们的小女儿给我的圣诞礼物,是从她自己的存款里面提的 200 元! 结果这个不争气的爸爸,竟然把钱包丢在国家公园的雪地里。但是女儿的信心并不减少,我们离开国家公园的那一天,有信心当天我们会找到那个钱包。结果我们一回到家,国家公园已经有电话来,有人捡到我的钱包,并且原封不动交给国家公园的办公室。这个小小的危机,竟然成为我们全家学习信心功课的机会!

另外一种恐怕孩子们受不了的事是父母亲有了绝症。在这种情形之下,孩子们就算知道了也无能为力,只有彷徨和干焦急。但从另一方面来说,孩子们的心理准备却是万分的重要。不然,到了不得已孩子们自己发现了的时候,可能伤害还更加厉害。所以医生一有了确定的诊断,就应该全家一同来到神的面前,把事情交托给神,抓紧神的应许:祂是孤儿寡妇的父。自然,这也是教导孩子们独立地倚靠神的一个好机会。不过,很可惜的,有不少的家庭要到了面对这种危机的时候,才知道应该有家庭灵修。一个家庭如果一向都有家庭灵修的话,那就是一个经常性的沟通途径。有困难的时候,很自然的,就会在家庭灵修里面提出来分担和祷告。

雅各面对危机的时候,就是这样替孩子们考虑的。当他哥哥以扫建议"我们可以起身前往,我在你前头走",雅各对他说,"我主知道孩子们年幼娇嫩,牛羊也正在乳养的时候,若是催赶一天,群畜都必死了。求我主在仆人前头走,我要量着在我面前群畜和孩子的力量慢慢地前行,直走到西珥我主那里"(创世记 33:12~14)。我们如果量着孩子们的力量跟他们分担,家庭里面所遇到的困难,都可以成为一个沟通和教导的好机会,同时全家也可以经历神的信实。

我行医的时候有一个经历是我一辈子不能忘记的。那一周我有 4 个病人死了,其中一位是 90 多岁的老人家,他

的儿子还是一位律师。那天我下班之前，这位律师在电话里把我盘问了一个多钟头！回家的时候我实在是头痛不堪，家门一打开，妻子跟4个孩子吵成一堆地在门口欢迎我。有些父亲可能顺口就喊起来，"不是为了你们，我哪里要做得这么辛苦?"有些好一点的还可能说，"别吵啦，我今天头好痛呀!"那一天我站在门口愣了一下，然后把他们抱在一起说，"爸爸今天在诊所头好痛，但是感谢神，因为我有你们!"我想在那一刹那，我的孩子们不但享受了我的爱，也知道他们对我的爱也帮助了我!

第 **27** 章

家里有人 患 精神病

我的弟弟约翰

不久以前,我到了某一个地方传福音。那位负责的姊妹真的是出钱又出力,来帮助国内来的学者,还为我提供了她们小区的一个来宾招待室给我住。谁知接了我的飞机之后,放我在她的家大半天,只是吞吞吐吐地说不出一个理由来,为什么那个房间还不能给我进住。后来听她在电话的对话,才知道是她的儿子。儿子忍不住走过来,这才发现这儿子患有精神病,我一看就知道是两极性的情绪症。姊妹似乎感到尴尬和委屈,不住地道歉,几乎要掉下眼泪来。当时我对她说,姊妹,我了解,然后告诉她我刚刚过世的弟弟之故事。她听了之后,就放宽心,把她这些年头,因为她这个儿子所受的一切痛苦,全部向我倾诉。

约翰是我家倒数第二的弟弟,他从小是比较难以处理的,却也是最喜欢和欣赏我的。我还记得他学走第一步是我扶住他的,到了他青少年的时候,开始有了两极性的情绪症。那时候我刚刚医学院毕业,开始在医院作实习医生。有些时候半夜回家,还得到九龙旺角的大街小巷去找他回来。有时候是听见他在天台上哭号神,说他的内心如何的痛苦。带他去看精神科的医生,他又不吃药,吃了药也不见得有好转。来了美国之后，起初有好一点，但是上了大学，压力一来，旧病又复发了。当时正是越战期间，他被抽去越南当个小兵哥，不但在战场上受了伤，还因为个子小又是华人，受尽了同僚的虐待。退伍之后书读不成，工也作不成，连作个义工，人家都不要，爸爸妈妈都吃尽了他的苦头。他在西雅图的唐人街，到处告诉人家他是何医生的弟弟，他又实在长得跟我很像。不过，我却觉得有个弟弟把我看得这么重要，对我来说乃是个荣幸。

只有一件事，他从小信了主，一直没有改变过，一生念念不忘就是要事奉神。所以在教会里，他总是到厨房去帮忙的。他也经常到西雅图红灯区的福音布道所帮忙，向那些潦倒街头的醉鬼传福音。但是因为他的个性，到什么地方，都是越帮越忙。爸妈相继过世之后，大伙儿用卖爸妈房子的钱，为他弄了一个公寓。有朋友曾经说：为什么不为他找一个老婆。我的回答是：不好害了那个女人一辈子。我们兄弟们先后都离开了西雅图，我也因为事奉到处奔波。2年前他独自在家里，正要出门的时候，心脏病突发，倒毙在客厅里，4周之后才被邻居发现，遗体都已经腐烂了。他的离世，叫我感到好像失去了自己生命的一部分。但是我却知道，在那一天，他从今生无名的痛苦里面释放了，进入了他的主耶稣基督荣耀的安息里。

接纳

一般人如果家里有个精神病患者，多数会避讳不讲。

因为直到如今,还有不少人以为这是一件不名誉的事情。或者甚至连自己的精神状态,也画上了一个问号。身为父母的人,第一常常会责怪自己,认为在孩子小的时候,可能做错了什么事情,所以要一辈子来担罪。其实,虽然后天的刺激有可能加强精神病的病情,但是精神病的真正根源,到如今在医学界还是一个谜。所以事后来追究谁是谁非,是于事无补的。就如耶稣的门徒们,面对一个类似的问题,也曾经这样地问,"拉比,这人生来是瞎眼的,是谁犯了罪?是这人呢,是他父母呢?耶稣回答说,也不是这人犯了罪,也不是他父母犯了罪,是要在他身上显出神的作为来"(约翰福音 9:2~3)。

是的,广义来说,今天世界上有不理想的事情,是因为人类整体来说犯了罪。但是在个别的情形,却不一定是个人有特别的罪行。今生有苦难,那是个事实。在有一些情形之下,不必要追究责任是谁的。

主耶稣的重点在乎"是要在他身上显出神的作为来"。可惜一般的信徒可能把"显出神的作为来",当作要求神把这个人完全医好。这种看法是忽视了神的旨意。精神病患者的家人,第一是需要接纳这个现实,接纳了,就不会有不合适的期望和要求。这种顺服神的态度,可以使一个人更加能够适应现实,更加倚靠神,也在软弱中更加有喜乐。

保罗在自己的软弱中向主呼求的时候,主的回答是,"我的恩典够你用的,因为我的能力,是在人的软弱上显得完全"(哥林多后书 12:9)。这并不是说,主的能力在我们不软弱的时候,不能显现出来。乃是说,我们不在软弱中,或者是说,我们不了解自己的软弱的时候,神的能力就不能够完全地显明出来。原因是我们自己还在那里挣扎,这样就妨碍了神大能的显明了。彼得劝勉我们,"所以你们要自卑,服在神大能的手下,到了时候,祂必叫你们升高"(彼得前书5:6)。这里的"大能"是抓住或者控制的能力。信心的承认是,"你们要将一切的忧虑卸给神,因为祂顾念你们"(彼得前书5:7)。"卸给"是丢给神,也是放下的意思。好多人就是放不下,所以把自己弄得十分不高兴,实在是太可惜了。

调整了这个态度之后,我们才能从软弱中寻求到神的刚强,在不理想中发现美善,在黑暗中找到一条出路,在破碎中得到人生的意义。基本上重点是在乎永恒。

一个愚昧的态度正如约伯的妻子对约伯所说的话,"你仍然持守你的纯正吗?你弃掉神,死了吧!"(约伯记2:9)。是的,一个有精神病的人,有些时候对神和对真理的态度及了解,可能有一点古怪,或者甚至于偏差。但是我们需要了解他在思想上的混乱,据理力争地跟他争辩,只会叫他更加混乱。正面地安慰和加强他观念上正确的地方,才能比较有建设性地叫他安静下来。

面对现实

接纳了家里有精神病的亲人,还需要了解现实。第一件事就是尽量了解这个病的各种原因和现象。是的,不少

精神病确是有遗传性的,所以选择对象的时候,这是一件需要考虑的因素,结婚前才能够有适当的心理准备。这是一般在谈恋爱的人常有的盲点,有些是不知道,有些是知道但是却不当作一回事。这都是不现实的态度。结婚之后才来后悔或者埋怨,都是不明智的。

既然结了婚,就要老老实实地接纳下来,看看自己是否可以适应这种个性。如果发现自己实在是不能够的话,就需要慎重考虑,到底自己是否愿意一辈子面对这样一个人。不然的话,无论对方多么有才华,或者在另一方面多么温柔可爱,或是在某一种艺术上对你自己有多大的吸引力,归根到底,自己是否能够跟这样的一个人共度一生? 绝对不要容许自己的情感蒙蔽了理智,弄得一生后悔不及。至于那些以为一个精神病患者结了婚就会好转的看法,不但是完全不科学,而且结果是欺骗、伤害了跟他结婚的人,患者的病情还有可能因为多了一种压力而恶化。

有些精神病是后来才发作的,结婚的时候倒是没有任何的症状,对方的家族背景自然也不容易在结婚前知道。这种情形一发生,作为家人就应该尽量了解病情,以便对日后病情的发展与需要的治疗,可以有适当的心理准备。第一件重要的事,是要尽早找专门的人士诊断,搞清楚是什么病,才能够对症下药。在华人当中,常常因为精神病带有一个不名誉的印象,所以一般人,无论是患者本身,还是他的家人,都很容易讳疾忌医。有些基督徒更是挂名有信心,只靠祷告,没有尽当尽的责任,到后来才来埋怨神。其实主耶

稣也告诉我们,"因为我们理当这样尽诸般的义"(马太福音
3:15)。

其次,是不要对这样的人有超过他能够做到的期望。
我们在前文中提到,要"在他身上显出神的作为来";圣经的
原则不是按照他所没有的,乃是按照他所有的。关键在于
如何发现他所有的。第一,不是父母亲从这孩子小的时候
所期望的。事实上我见过不少年青人精神病的发作,跟不
能满足父母的期望,有必然的关系。我们要承认,这种年青
人可能本来就有精神病的趋势,但是后天的压力,肯定是个
因素。第二,也不是这个人精神病发作之前所能够做到的
事。是的,这年青人可能在未发病之前,有大好的前途和特
别的才干。但是精神病对全人的运作,必定起了一个震撼
性的冲击,往事不一定可以追回。既然发病了,就需要就事
论事地检讨一下,他现在有什么事情可以做,而不影响他的
情绪。病发后的情形,自然没有他本来应该有的那么美好,
这是家人一定要接纳的现实。任何一点点的比较,都可以
刺激精神病发作,甚至影响到整个病情恶化。

如果患者是年纪大的人,或是平辈,或是长辈,更加不
要对他有太多的期望。只要他对自己,对别人,没有伤害的
行动就算了。如果是有伤害性行动的人,在不得已的情形
之下,忍痛将他送去护理的机构,却是对病人好,对大家也
都好。勉强在家里照料,常常会把家里其他人彼此的关系
也搞坏了。这个决定确实是不容易作的。

与精神病患者沟通

　　这件事情，可能是家人最头痛的事情，而且需要天天面对！对精神病患者第一要注意的，就是对话的声量要温柔小声。自然，患者已经是情绪激动，声量一定会提高的。如果跟他对话的人，也提高声量的话，结果必定形成一个恶性循环，只会刺激患者思想更混乱，情绪更激动。一个温柔的祷告，一句安慰的话语，一个温馨的拥抱，却能够叫患者安定下来。自然，这样的接触，需要是一位他所信得过的人。如果是一位萍水相逢的朋友，一个简单的态度就是，姑妄言之，姑妄听之。就如箴言所说，"回答柔和，使怒消退；言语暴戾，触动怒气"（箴言 15:1）。

　　第二是不要跟他辩驳。是的，精神病患者的思想常常是混乱的，再加上常常会有幻觉和无名而不合理的恐惧感，一个很普通的现象，就是说有人要害他。另外一个很普通的现象，是说有人透过电视跟无线电，甚至在他心里面或者是耳朵里面，不断地跟他说话。旁边的人会很自然地要改正他这个错觉。但是我们需要了解，这些现象，对他本人是十分真实的。告诉他这些声音是他的幻觉，是于事无补的，反而会引起他以为你不同情他。在这种情形下，我多数是跟他一同祷告，鼓励他把这些干扰交给神，告诉他，"神所赐出人意外的平安，必在基督耶稣里，保守你们的心怀意念"（腓立比书 4:7）。

精神病与鬼附

从圣经的立场看,有些精神不正常的人,可能是邪灵附身。这对基督徒是一个难题,也是不容易分辨的。一般来说,我发现患上精神病的人,多数是思想混乱,语无伦次,特别容易从一个话题忽然间转到另外一个话题去。他的话也一般来说没有什么目标的,他的眼神是混乱的,没有什么焦点。被鬼附的人却不是这样,他多数是有眼神、有焦点地瞧着对方。他的话虽然旁边的人觉得是胡说,但是里面有他自己的逻辑,这常常跟以前有过关系的偶像或者是交鬼的活动有关。这种人我们可以奉主耶稣基督的名为他赶鬼,让患者清醒过来。但是如果没有找出那些特别的活动,然后提名赶那背后的邪灵,很容易会引起旧病复发的。

教会与朋友们

今天的社会,甚至教会里面,常常有对精神病患者的不了解。所以教会里面如果有一位这样的患者,当记得,"你们就是基督的身子,并且各自作肢体"(哥林多前书 12:27)。正如保罗又说,"若一个肢体受苦,所有的肢体就一同受苦"(哥林多前书 12:26)。所以,起码教会的负责人应该要留意上述家人需要留意的事情,才有可能为患者及其家人提供相应的帮助。

第 **28** 章

与孩子们谈论死亡

不要讳言死亡

圣经说,"无人有权力掌管生命,将生命留住,也无人有权力掌管死期。这场争战,无人能免,邪恶也不能救那好行邪恶的人"(传道书 8:8)。

死亡,特别对我们华人来说,是十分避讳的题目,所以记得我年轻的时候,有些叔叔是卖人寿保险的,他们在华人当中真是十分难做生意,连开口也不容易。一般年纪大的人的子女常有的问题是,老人家不肯写遗嘱,一旦老人家百年归老之后,不但遗产税特别重,而且一家子子孙孙还可能为了遗产闹得天翻地覆,香港最近就有几件这样的事情。

所以对小孩子,一般的大人更是不想提到死亡,特别是至亲过世,更是尽量不让孩子知道,恐怕孩子受不了。这样的用心是良好的,但是当孩子发现真相的时候,就不一定会理解和欣赏这一份心意,反而可能责怪活着的大人和死去的至亲,甚至怀恨在心。

其实死亡,正如传道书所说,是个不可避免的事实。迟早总会发生在任何一个家庭的,只是在有些家庭的震撼性比较突然而已。大人应该尽早掌握机会,和孩子谈论死亡。

孩子小的时候没有沟通好,长大了,就算是二、三十岁

的青年人,也有可能面对家里有人死亡的时候,不知道如何应付。不久以前就有一位年青人,是个独子,母亲癌症末期,时日不多,对心爱的儿子有无限的心意要表达;儿子也十分疼爱他妈妈。但是母子俩一谈起话来,就闹得不欢而散,彼此伤害,跟着就是满腔的罪疚感。我看见这种情形,真是感到十分痛心和遗憾。

一场好哭

生离死别,可以说是人生一个最痛苦的事情。感情的表达是理所当然的,一场好哭,是一种最明显的表达。女人善哭,社会上一般都认为是天经地义;男人嘛,那就要流血不流泪,所以连小男孩都不可以哭。一般人有个错觉,以为哭是一种弱者的表现;其实这种感情的发泄,在医学上有一定的治疗作用。勉强地压在心头的话,可能引起不少的心理和生理上的病态,甚至影响这个人以后的家庭生活。我曾经辅导过不少这样的人,特别是男人,谈了大半天,最终还是给个肩膀让他好好地哭一场,之后,他的心情就好多了!这个叫作"爱的治疗"。

所以在面对死亡的时候,无论是亲近的,还是跟自己无关的人,孩子感情冲动起来,禁不住就要哭,大人应该让孩子尽情地哭一下,但是同时又应该用正当的话来安慰他,而第一个安慰就是接受他的泪水。圣经的创造主就是这样体贴我们:

"我几次流离,你都记数,求你把我眼泪装在你的皮袋里。这不都记在你册子上吗?"(诗篇56:8)。

叫孩子别哭是个错误的作法,该哭的时候,就应该让他尽情地哭。在一般十分伤痛的情形下,这样的发泄是情有可原的,安慰他的人可以安静地陪着他,让他把心中的忧伤发泄出来,一方面也预防有对自己危险的行动,另一方面跟他一同分担苦楚。自然,哭闹是另外一回事。哭闹是发怒,于事无补。

接受事实

相对的,在理性方面,特别在死亡还没有来到之前,大人也应该跟孩子讨论现实的状况。比如至亲患了绝症时,在医生确诊之后,应该立刻跟孩子们说明情况,分担伤痛,全家一同来了解病情和治疗方法等方面的资料。在现代科技发达的时代,孩子们都可以帮忙上网寻找有关的资料。有什么决定的时候,也应当请他们发表意见,让他们觉得有一点贡献。在接受治疗的过程中,孩子们应该事先知道并了解病人所可能经历的一切副作用,好叫他们不会觉得突然。一个有正常家庭关系的孩子,会很愿意地、也很自然地要帮助自己的至亲。疗程的进展无论是好是坏,孩子们都应该知道,好叫他们在整个过程里有心理的准备。

人所能做的事自然是有限的,所以更应该全家一同祷告,将整件事情交托给神。这件事情,对一些本来有经常性家庭灵修的家庭,是轻而易举的。所求的事情,首先不一定是要求神医治患病的亲人,更重要的是先求神那"出人意外

的平安"(腓立比书4:7)，自然也可以求减轻病人的痛苦。"祂被挂在木头上，亲身担当了我们的罪，使我们既然在罪上死，就得以在义上活。因祂受的鞭伤，你们便得了医治"(彼得前书2:24)。

这也是一个解释为什么世上会有苦难的机会。圣经告诉我们，人生会有苦难是因为人类不要我们的创造主，选择自己作主，所以人生就不理想了。这就是所谓罪了。从此死亡和败坏就进入了这个世界。"因为受造之物服在虚空之下，不是自己愿意，乃是因那叫他如此的。但受造之物仍然指望脱离败坏的辖制，得享神儿女自由的荣耀"(罗马书8:20~21)。这是从广义来说，为什么今天世上会有苦难的原因。在此不分是属神的人还是不属神的人，因为我们相信，人今天还是带着这个会败坏的肉身，正如罗马书8章23节又说，"不但如此，就是我们这有圣灵初结果子的，也是自己心里叹息，等候得着儿子的名分，乃是我们的身体得赎。"所以，有些事情不一定是有哪一个人现在犯了什么错，乃是因为全人类都在败坏的辖制之下。

但是从狭义来说，有些事情也是因为一些人为的原因，比如抽烟跟肺癌的关系，车祸跟酗酒的关系，或者甚至是疲劳驾驶，以及其他别人和自己的错误。我们要教孩子们从这些错误中学习到功课，该自己负的责任就自己负，在神面前认罪悔改，"只将自己交托那按公义审判人的主"(彼得前书2:23)。就如大卫在犯罪之后所说，"我甚为难，我愿落在耶和华的手里，因为祂有丰盛的怜悯。我不愿落在人的手里"（撒母耳记下 24：14）。如果当事人整天怨天尤人，不但自己在病中增加痛苦，也叫全家人一同受苦。我还见到有不少的例子，甚至连家人的信心也给破坏了。

复活的大能

但是归根到底，基督徒跟这世上的人是不同的。就如保罗在帖撒罗尼迦前书 4 章 13 节所说，"论到睡了的人，我们不愿意弟兄们不知道，恐怕你们忧伤，像那些没有指望的人一样。"复活的大能，第一自然是指这里所谈论的基督徒在将来身体的复活了。这也是复活节时基督徒所宣告的胜利，就如彼得在主复活之后的宣告，"你们杀了那生命的主，神却叫祂从死里复活了，我们都是为这事作见证"（使徒行传 3：15）。又说，"神却将死的痛苦解释了，叫祂复活，因为祂原不能被死拘禁"（使徒行传 2：24）。

基督徒肉身的死亡不过是暂时的离别，所以上述帖撒罗尼迦前书的记载是"睡了"。如果只是睡了，那就还会再起来。所以，当我们的孩子们两方面的祖父母去世的时候，孩子们都很亲切地来到棺木前道别，没有惧怕，只有温馨的爱。

复活的大能也使在今生还存留的人，可以重新振作起来往前走。因为我们深知，"照着我所切慕、所盼望的，没有一事叫我羞愧。只要凡事放胆，无论是生是死，总叫基督在我身上照常显大。因我活着就是基督，我死了就有益处。但我在肉身活着，若成就我工夫的果子，我就不知道该挑选

什么"(腓立比书 1:20～22)。

无论我们人生遇到什么样的境况，但愿我们都可以经历到神复活生命的大能。

第 **29** 章

与 孩子们计划暑假

要有计划

有些父母亲对暑假的时段觉得十分头痛,孩子们一觉得无聊的时候,家里面就闹得鸡犬不宁。父母亲觉得无可奈何,巴不得快一点开学。我们以前有个邻居就是这样,先是把孩子们送去各种的夏令营。孩子们一回来,他们就请了看孩子的人来住在家里。两口子自己就立刻出去旅游,这一下子把整个暑假基本上打发掉了。我看他们视孩子们如同洪水猛兽,水火不相容。这实在是太可惜啦!暑假应该是一家人团聚的时刻,就像诗篇所描写的,"凡敬畏耶和华、遵行祂道的人,便为有福。你要吃劳碌得来的,你要享福,事情顺利。你妻子在你的内室,好像多结果子的葡萄树;你儿女围绕你的桌子,好像橄榄栽子。看哪,敬畏耶和华的人,必要这样蒙福"(诗篇 128:1~4)。这是跟孩子们建立一些不可磨灭的温馨美丽关系的好机会,对孩子们是一个甜蜜的经历,对大人来说,更是一辈子快乐享受的回忆。

对于我们来说,单单跟孩子们计划暑假要做什么,就是一个享受,也是一个学习的机会,父母亲都可以参加意见的。可惜有多少的父母亲,不但不理会,即使有参与,也一心一意只要孩子们读多一点书，弄得孩子们的暑假，比上学的时候更辛苦。学习应该是愉快的，轻松的，有兴趣的，是个享受才对。

所以暑假一开始的时候，父母亲应该立刻跟孩子们坐下，一同商量整个暑假要做什么。我特别强调"父母亲"，因为一般的家庭，就算有计划，常常也只是母亲跟孩子们计划，父亲却不闻不问。那是太可惜了！对孩子们来说，是可惜；对父亲来说，也是损失了一个参与孩子们的生活的好机会；对母亲嘛，就会觉得孤军作战，有一点力不能胜的感觉。这也是很多母亲害怕暑假的原因。所以，作父亲的应该主动地先发起这个计划。自然，我们作父亲的人可能因为工作的原因，不能参与太多，但是总也应该发表一点意见。我们跟孩子们的关系如果是好的话（这应该是正常状态），孩子们跟母亲一定是欢迎的。

身为母亲的，也应该制造机会，让爸爸可以参与这个计划大会，甚至可以建议一些爸爸在业余时间可以参与的活动。我作医生的时候，也曾经在中饭时间，刚刚好没有公事要办，就去妈妈跟孩子们活动的地方会合吃中饭。有些时候是反过来，他们来诊所跟我会合出去吃中饭，这也是孩子们参观爸爸的工作场所的一个好机会。见到他们来了，对我来说，更是繁忙中的一阵春风。至于我们下面要讨论的跟孩子们去旅游，更是非有爸爸一同计划、一同参加不可了。

本地的途径

在现代的城市里面，孩子们有很多轻松学习的机会。从科学馆、水族馆、动物园、植物园、博物馆，或者是有本地特色的其他地方，都是一个学习的机会。所以我们的孩子们小的时候，西雅图这类地方，我们都有年票的，经济实惠，一年要去多少次都无所谓。有特别节目的时候，还有免费的全家票送。这种本地的地方，常常本地人反而从来不去。经常过一阵子就带孩子们去逛一下，可以开他们的眼界，也帮助他们发现自我的兴趣和天分。

整个计划也应该包括一点下面要讨论的系统性的学习，但是这种"课外活动"可以帮助孩子们不会觉得无聊。一个方法是暑假开始就跟他们计划，什么时候去哪一个地方，去的时候特别想要看什么。这种地方常常比较有规模，一般来说，一次是走不完、看不尽的。所以也可以计划每一次要重点在哪一方面，甚至去之前可以先作一点了解和准备。这些活动不一定是孩子们有特别兴趣的地方，一般来说孩子们不太感兴趣的地方，好像有历史啦、艺术啦、文物啦，这一类的东西，父母亲可以预先跟孩子们讲故事，鼓励他们在博物馆里寻找答案。他们自己发现的东西，又有现场的文物为证据，所学到的是他们一辈子都不能磨灭的，也可以挑起他们对那方面的研究有兴趣，发掘孩子们的天分，这是一个不可少的途径。上课的时候，孩子们没有那么多的时间去逛，暑假正是一个良机。

系统性的学习

这是一般的父母亲会想到的一面，却也是孩子们最不欢迎的。上了整年的课，好不容易有个暑假可以休息一下，谁知道又来补这个补那个，真是扫兴！好累呀！秘诀在乎前面的准备工作要做得好，也就是那些"课外活动"了。我们如果心里有数，先用这些"课外活动"挑起孩子们的兴趣，系统性的学习对孩子们来说，就变成一个预备工作了。这学习的高峰，是到那些地方去观摩。如果父母亲自己不知道如何安排系统性的学习，这些地方也常常有短期的暑假学习班给孩子们的，有些父母亲还可以一同参加。

基督徒的父母亲们，更应该让孩子们参加暑期的圣经班。时间许可的话，更好的是自己参加作老师。如果自己觉得不能够教的话，也可以作助手。这是跟孩子一同活动的机会。教会如果有暑期的短宣，也可以全家出动，一同经历事奉神的甜美。最起码，也可以鼓励孩子们在暑假的时候，多读一点圣经。我们的孩子们就是在暑假的时候，立志一天读 10 章圣经。

如果孩子在学校的成绩是比较优等的话，现在一般北美的大学，都容许高中生有在暑假去大学修科的机会。自然这需要孩子自己有兴趣，而且愿意面对这个挑战。孩子在那个科目的成绩也应该是相当好的。父母亲千万不要有意无意地施压力，勉强孩子去读。就算是孩子够资格又决定要读的话，也应该采取一个可有可无的态度。一觉得不

适合,就应该随时退出来。不过对一个资优的孩子,中小学的课程如果不能满足他们学习的需求,这种学习经验,可能是让他们扬眉吐气的机会,是这种孩子们的父母亲应该特别留意的。我们的孩子们进少年班就是这样开始的。

出门度假

最后的一个计划,就是安排一段时间,全家一同去度假。这一件大事,需要我们特别一篇文章来讨论。但是这里的重点是全家出动,更是全家计划。多少父母亲埋怨说,孩子们不喜欢跟父母出去度假。其实原因在乎开步走的错误:没有预先跟孩子们商量。一同商量过的事情,孩子们才会有投入感。暑假的时候,计划一下全家度假的时间是理所当然的。这是一年一度全家可以一同欢乐,享受温馨的时刻,这机会一过去是不会再来的。千万不要像我们以前的邻居,把这个黄金时刻抛弃掉。

箴言 27 章 23~24 节说,"你要详细知道你羊群的景况,留心料理你的牛群。因为资财不能永有,冠冕岂能存到万代。"我们更要把握机会,详细知道我们家小羊羔的景况,留心料理神交托给我们的一群孩子。暑假是一个黄金的机会!

第 30 章

教导儿女关于复活节的意义

中心思想——生命

在中外社会里,有几个基督教的节期是特别人所周知的,圣诞节自然是不言而喻,10月底的万圣节是另外一个。传统里面,复活节更是一个华人社会里所知道的节期,其中一个原因是这节期很接近华人的清明节,故此有些没有信主的广东人,还会把它叫做"洋人清明"。这时候又是大地回春的季节,论时令,是春分之际,对一般的农业社会,自然是一个十分重要的播种时候,一年丰收的期待,就在这关键的时刻。难怪一般的民间宗教和拜偶像的信仰,都很看重这一个季节。两千年来基督徒和教会庆祝复活节,也不知不觉地加入了不少外邦人的风俗习惯。一方面教会自然应该教导信徒会分辨,身为父母的基督徒也应该教导儿女知道如何分辨。

我们跟外邦人认同的一个重点是,复活节关乎的是生命。这在自然界是清楚可见的,特别是在四季分明的地方,冬天的萧条静默,死气沉沉,冰冷瑟缩,在温暖的春风里换来了蓬勃生命的气息,绿叶开枝,百花齐放,小鸟的细语,斑鸠的声音,在我们的地界里再度听见了,无论如何总会带来一番生命的兴奋。除非是活得很痛苦的人,谁会喜欢死亡

268

呢？为什么每一年这世界总要经过一段好像死了的状态呢？我们可以美其名曰休息，但是那死气沉沉的一片却是个清楚的现实。为什么这世界会有死亡？这是对孩子们解释生命和死亡的一个好机会。

圣经告诉我们，起初神所造的人和世界原是好的，而且是甚好，就是理想的，完全的，没有死亡，没有败坏，更没有罪恶。供应生命的食物是生命树的果子。只可惜我们的老祖宗误信鬼话，把自己出卖给了撒但，从此将死亡和败坏带进了这个世界，不但我们人类有死亡，整个物质的世界也有死亡。"因为受造之物服在虚空之下，不是自己愿意，乃是因那叫他如此的。但受造之物仍然指望脱离败坏的辖制，得享神儿女自由的荣耀。我们知道一切受造之物一同叹息劳苦，直到如今"（罗马书 8：20～22）。

生老病死成为我们人类必有的现象，这原是个咒诅，是个审判，是丑恶的，一点都不自然的，并非神原先所设计的，乃是人类的犯罪所带来的结果，是个无可奈何的现实。"因为罪的工价乃是死"（罗马书 6：23）。这败坏和死的因素，不但从生命的死亡，连物理学上的热力学第二个定律都可以见到。有人或者会问：为什么在人类犯罪之后，神就不许我们吃生命树的果子？原因是，我们的生命既然已经败坏了，长活不死就不是一件好事，反而是一个捆绑痛苦的事。要永远活下去吗？就该有个永恒不朽坏的生命，这就引进了复活节独特的信息了。

独特的信息——耶稣复活

顾名思义,复活包括有三方面的意思。第一,曾经活过;第二,后来死了;第三,现在又活了。耶稣基督诚然曾经活在世上,经历了你我人生诸般的阶段,正是"儿女既同有血肉之体,祂也照样亲自成了血肉之体,特要藉着死,败坏那掌死权的,就是魔鬼,并要释放那些一生因怕死而为奴仆的人"(希伯来书 2:14~15)。又说,"所以,祂凡事该与祂的弟兄相同,为要在神的事上,成为慈悲忠信的大祭司,为百姓的罪献上挽回祭。祂自己既然被试探而受苦,就能搭救被试探的人"(希伯来书 2:17~18)。我们这败坏了的生命最终的经历就是死。主耶稣也经历了,人类生死的痛苦祂都经历了。然而自古以来,伟大的舍身成仁的人物也有不少。正是"人生自古谁无死,留取丹心照汗青"。不过,文天祥很伟大地死了,宋朝的社稷还是救不了。

耶稣基督到底有什么与众不同之处? 分别在于祂是"生命的主","原不能被死拘禁"(使徒行传 3:15;2:24)。耶稣"按圣善的灵说,因从死里复活,以大能显明是神的儿子"(罗马书 1:4)。这事实不但是当时门徒们见证了,就如彼得所说,"这耶稣,神已经叫祂复活了,我们都为这事作见证"(使徒行传 2:32)。也是当时的历史家客观的记载,包括古罗马学者老普林尼(Pliny the Elder)和犹太历史家约瑟夫(Josephus)。这老普林尼的侄儿小普林尼(Pliny the Younger),就是记载了维苏威火山(Vesuvio)爆发盖灭了庞贝大城（Pompei）的那一位。至于约瑟夫，虽然他的名声大有卖国贼之嫌，他对圣地的地理和历史的记载，却是众所周知的准确。这跟有些宗教，在他们的教主死了千年之后的传说，他们的教主也复活了，肯定是有天渊之别！耶稣基督诚然是真神降世成为人。

对我们信他的人来说，主耶稣的应许是，"因为我活着，你们也要活着"（约翰福音 14：19）。又说，"人有了神的儿子就有生命，没有神的儿子就没有生命。我将这些话写给你们信奉神儿子之名的人，要叫你们知道自己有永生"（约翰一书 5：12～13）。

这复活的生命，一是叫我们今生可以经历神复活生命的大能。我们无论经历过什么样的挫折和失败，都可以有个机会东山再起。"我靠着那加给我力量的，凡事都能作"（腓立比书 4：13）。

二是藉着这个生命，在我们的物质生命终结时，我们可以进入创造主的境界，是永恒的生命。

三是因着这个生命，当主耶稣再来的时候，无论我们是已经死了，或者仍然存留，我们都会披上一个新的复活的身体，就如保罗所说，"所种的是必朽坏的，复活的是不朽坏的；所种的是羞辱的，复活的是荣耀的；所种的是软弱的，复活的是强壮的；所种的是血气的身体，复活是灵性的身体。若有血气的身体，也必有灵性的身体"（哥林多前书 15：42～44）。又说，"这样，我们就要和主永远同在"（帖撒罗尼迦前书 4：17）。

自然，我们一切属神的人也要彼此永远同在，这是基督徒对生死的看法与众不同之处。我们不会"忧伤，像那些没有指望的人一样"（帖撒罗尼迦前书 4：13）。因为在将来，我们还要相见，并且永远在一起。

外邦人的一般风俗

所以在复活节的时候，我们应该特别教导我们的孩子们，什么是重要的，什么是拜偶像的恶习。虽然兔子啦，鸡蛋啦，在今天并不一定有什么特别拜偶像或者交鬼的意义，但是毕竟这些不是圣经里所有的记念方式。过分注重这些活动，难免有舍本逐末之嫌。在复活节的时候，趁此佳节探访先人的坟地，也是十分合适的。但是我曾经见到有些地方的基督徒，竟然在祖宗的坟地上烧纸钱，还说是所谓"基督教的纸钱"，真是莫名其妙！行在神面前可憎的事，惹动我们神的愤恨。现代西方的社会，有些时候还会跳春舞以庆祝春天的来临。这不但是古代拜鬼的习俗，也是带有浓厚的性活动的象征，特别是在教会里，更是完全不适合。在称呼上，中文的"复活节"比英文的"Easter"更为妥当，原来这个"Easter"并不是以斯帖，乃是旧约的偶像女神亚斯他录。所以我们教导我们的孩子们，从小总是称这季节为"复活的主日"。

对儿女最重要的功课

复活节对孩子们第一个重要的功课乃是，今生的生命之暂时性及其原因,那就是自从我们的始祖亚当夏娃犯罪之后,全人类都陷在罪里。"这就如罪是从一人入了世界,死又是从罪来的,于是死就临到众人,因为众人都犯了罪"(罗马书5:12)。

第二个重要功课乃是,藉着耶稣基督,神给了我们一个再生的机会,是神给我们最好最大的礼物。

第三个重要功课乃是,我们需要个人接受这个礼物,神不会勉强我们的。所以我们身为父母的,应该把握这个机会,带领我们的儿女作个决志祷告,邀请主耶稣基督进入他们的生命。

当我在列治文牧会的时候,有一位在教儿童主日学的年轻弟兄,有感于我所说的,就在那一个复活节的主日,带领他那里10岁左右的12个孩子作了决志祷告。从此之后,每逢他有新的学生参加他的主日学班的时候,他总要带领那信的孩子作决志祷告,又将他们的名字写在一个小本子上,天天提名为这些孩子们祷告。2年之后,当他快要回菲律宾的时候,他特意来找我,给我看他的名单,一共有44位。实在是感谢主!

我的大孙女3周岁的时候,她的妈妈,就是我的大女儿,带了她祷告,邀请主耶稣基督进入她的生命,那正是复活节的时候。在那事之后不久,在电话中我问大孙女有没有主耶稣在她的心中,她高声回答,"哈利路亚,耶稣复活了!"但愿这也是你的欢呼和你的祝福。

第 **31** 章

回想我们 的 感恩节

感恩节的来历

　　每年 11 月最后的周四,在美国是感恩节;在加拿大,感恩节是在 10 月的时候。这是北美洲的一个重要的节期,开始于欧洲的新移民初到美洲之后的第一个秋天。经过一年的艰辛,终于有了第一个收成。无论是美国的朝圣者,或者是加拿大的胡格诺派,他们来到北美多少都带着一点寻找宗教信仰自由的心态。这些信耶稣的人,在本乡都被形式化的教会所逼害。他们依靠创造主神,远渡从来没有跨过的重洋,历尽烈风暴雨,怒海狂涛,来到一个陌生的地方,面对一些可能是恶意的民族,只求有一个安身之处。蒙神的保守,这一年,本地人对他们有意料之外的恩情,并且教导他们如何耕种本地的土产。其中一样就是本地人的主食——玉米。当时北美洲到处都有野生的火鸡,是他们肉食的主要来源。所以感恩节是少不了玉米和火鸡的,另外两个主要的食品是牛油黄糖烤地瓜和蜜糖烤火腿。感恩节是北美人吃得最多的一个节期。

烤火鸡

　　我们孩子们小的时候,也是我们的父母健在之时,感恩

节的时候,是我们接待留学生的季节。一早起来我总要先预备一下要烤的火鸡,通常都有 20 多磅重。因为我的太太对生火鸡过敏,所以洗火鸡的重任,自然是落在我的头上了。其实那也是相当的好玩。一般华人对火鸡的反感,一是它的腥味,二是它的肉多数是又硬又老。要去除火鸡的腥味,我的方法是搓盐之后又用水洗掉,如此重复 3 次。白人的传统是用配了料的面包屑塞在火鸡的腹腔里面,我们是用腊肠炒糯米饭。一切开,真的是香喷喷的!一般市场卖的火鸡都带着一个温度计。我们使用我们的旧烤箱烤到温度计显示是 180 华氏度,就关了火,让它自己再烤一个小时,那就恰到好处。

不过感恩节的时候,在北美洲的东岸正是秋高气爽,经常有在严寒之前来个回暖,十分舒服。在大西北却常常是风雨交加的时候。1989 年美国北部的旧东西横贯公路,正在翻新的跨过华盛顿湖的浮桥,就不堪风雨的摧打,沉到湖底去了。如今还在那里当作鱼儿的家。所以在大西北,感恩节停电是司空见惯的。有一年,我们的火鸡还没烤好就停电了,从 11 点停到 1 点,只好把火鸡留在烤箱里。不过结果那一只火鸡却是烤得更嫩、更好吃。

我的另外一个拿手好戏是牛油跟黄糖烤地瓜(红薯),烤之前上面还要加上一些棉花糖。自然蜜糖烤火腿也是不可少的啦,现在想起来还会流口水的!不过 50 位年轻力壮的学生吃饭,这些哪里会够吃?当时有一家华人餐馆在我的诊所附近,是一位信主的姊妹开的,虽然感恩节是个公众假期,她还是一早起来跟她的厨子替我煮了几盘中国餐,价钱还十分便宜。火鸡在烤的时候,我就开了我的面包车去接我的父母亲和搬那7、8盘的饭菜。有时我的岳父母刚刚从香港过来,就住在我家,他们一个是律师,一个是医生。这四老原是老朋友,家里一时好热闹呀!孩子们都忙着布置桌椅,或者是帮着妈妈完成家里煮的饭菜,忙得好高兴呀!

吃感恩节大餐应该是中饭,一般都是1点左右。学生们总是陆陆续续地来的,那些先到的人自然是饿坏了,除了炸薯片之外,我们的拿手好戏是印尼虾饼。由于货源不容易,要从香港或者是东南亚带来,所以有时弄不到,只好炸香港虾饼给他们吃了,那倒是唐人街买得到的。人和食物都到齐了,我们先有个唱歌的时间。就在我们的大客厅里,一边有个电风琴,另一边有个三角钢琴。然后有个祷告的时间,又有个简单的介绍感恩节的意义,之后就开饭啦!自然我的外科技能一定要大显身手啦——火鸡跟火腿都是我切的。一阵风卷残云之后,剩下的只是一些骨头。不过这些骨头从来没有浪费掉的,立刻放在水里熬,同时开始熬稀饭,第二天早上就是火鸡火腿稀饭作早餐,放在冰箱里还可以享受2、3天。

和学生的交流

那时候的西雅图,华人并不多,华人社团的活动也没有今天的繁多。感恩节会关心华人留学生的人多数是本地

人，再加上感恩节既然是北美传统的家庭团聚节日，学校的饭堂多数不开饭。我们一个最大的满足，是在这大吃的节日里，我们可以带给一些离乡背井的青年学生们一点温馨，也给他们一个彼此交流的机会，更把神的爱介绍给他们。所以学生们常常在饭后依依不舍地逗留在我们家，或是跟我们个人交谈，或是跟我们的孩子们玩，因为那时，我们的孩子们有些已经在大学读书了，是他们的同学！有时那还是一个请教我的大儿子允信的好机会。

我们的家在当时西雅图的华人社会里，可以算是比较大的，有4000平方英尺，院子也有三分之一英亩。当外面风雨交加之际，偎在火炉旁边谈心，是别有情趣的。我们楼上楼下都有一个火炉，烧木柴烧报纸都可以。学生们也三五成群地在火炉旁边谈心。屈指一算，都有好几对姻缘是在我家撮成的，现在都儿女成群了，有些还快要做爷爷奶奶了！见到他们家庭幸福，全家事奉主，有不少也在帮助学生们，心里有何等大的安慰啊！

虽然那个时候，我们对于教养儿女也是在学习的过程中，我们对这一群学生们不过是个大哥哥大姐姐而已，但是我们本着一边学习一边分享的心态，透过我们的个人灵修和家庭灵修，在神的带领之下，经过了我们的心路历程，也带领了我们的孩子们经过他们不平常的学习过程，同时也辅导了这些可爱的学生们。这些学生们如今不少是专业人员或者是教授，其中一位最近还跟我到中国的杭州短宣，大有成果。他还提到当初在我家的温馨和跟允信同

278

学之事，我一时回想起当年的光景，真是历历如在眼前。

教导儿女感恩知足

我们忙了一整天之后，总会全家偎在火炉旁边，躺在我们最喜欢的豆豆包椅子上，回味那一天的快乐时光，同时也是我们家庭灵修的时候。孩子们第一样学习到的是，我们一切所有的都是从神而来的，我们家庭的安全也是蒙神的保守。我们更提醒他们，他们的天分更是从神而来的，不是给他们或者我们来炫耀的，也不可以自私地专为自己。为着我们温馨的家庭，我们需要感恩。为了我们全家都已经有了主耶稣的生命，在永恒里我们可以永远在一起，我们更是衷心地感谢。如今那房子不再是我们的了，我们的孩子们也各自成家了，现在我们四海为家，风尘仆仆。是的，我们现在想要来个每年一度的全家团聚都不容易，但是那甜美的时光还是深深地印在我们的心里。

孩子们第二样学习到的是，既然我们所有的都是神所赐的，我们就更有责任跟别人分享，帮助别人。这感恩节的聚餐只不过是一个小小的心意，这些学生们都是我们孩子们的大哥哥大姐姐。整个过程里面，孩子们也担当了主人的角色，不会闷闷不乐地好像自己的小天地被侵犯了。这是一般小孩子常有的问题，乃是个自私的心态。所以他们个人的家，现在也是常常开放给有需要的人，诸如查经班、妇女团契、学生团契等。开放我们的家庭肯定对孩子们的心胸也有开阔的作用，那更是全家一起见证主的好机会，与

有需要的人分享是我们感恩的一个最好方式。

"耶稣又对请祂的人说,你摆设午饭或晚饭,不要请你的朋友、弟兄、亲属和富足的邻舍,恐怕他们也请你,你就得了报答。你摆设筵席,倒要请那贫穷的、残废的、瘸腿的、瞎眼的,你就有福了!因为他们没有什么可报答你。到义人复活的时候,你要得着报答"(路加福音 14:12～14)。

第 **32** 章

中秋团 圆 圆不圆？

月圆人不圆

中秋节是华人传统里的团圆节日,人到中秋总是倍思亲。家庭里的成员长大之后,要再度来个团圆,实在不容易。特别在现今的社会,因为工作、学业和家庭种种的原因,大伙儿要找个机会聚在一起,总是困难重重。好不容易彼此迁就了,择个好日子好地方,大家在一起了,才发现一方面可以回忆过去一起生活的甜蜜时光,另一方面这些年头各奔东西,各自建立了自己的家庭,不知不觉间有了相当大的不同了。单单想要有一点集体行动,已经是非常不容易了。我自己刚刚跟我的兄弟姊妹们有了一个团圆的机会,都搞得我精疲力尽,写这一篇稿件都一直提不起劲来。现代家庭不能团圆的原因有些无法避免,有些倒是可以避免的。

团圆,顾名思义,是希望所有的人都在。但事实上哪里有这样的可能呢? 人生一代一代地过去了,总有一些人会不在的。我们这回的团聚就是为了安葬我们的二小弟,我们把他安葬在我们父母的坟地上,触景伤情地自然又想到我们的父母亲了。正是"树欲静而风不息,子欲养而亲不在"。小弟没有结婚,自己一个人住在西雅图,我们每逢经过西雅图，去探望他，带他到餐馆吃一顿饭，他总是喜出望外的，就像个小孩子一般。我们兄弟中最后一位跟他吃饭的，就是在他过世前2个月，我途经西雅图前往香港的时候。他虽然比我小7岁，但是样子比我苍老。看着他一副关怀我的事奉的表情，我深深地相信他在我的事奉上，是有一份儿的。看着妈妈的墓碑，更惊叹妈妈已经去世16年了！奉劝诸位父母亲还在的儿女们，时逢佳节记得带他们去团圆一下。老人家那一份的喜乐，是千金难换的。最好什么都不要计较，老人家要说什么话，就让他们说，不必要样样都那么计较。家族里有哪一位是特别孤单、容易被忽略的，更应当把握机会，带给他们一份温馨。延伸到孤单的朋友们，在团圆的时候，把他们当作家庭的一份子，这也是一件爱心的美事。

单亲家庭

在现代的家庭里，家庭的破裂比比皆是，最大的受害者其实是孩子们。时逢佳节，父母亲们更是常常用孩子们做斗争的靶子，团圆变成战场，成了父母亲彼此攻击的好机会，也是千方百计要赢得儿女们效忠的时刻！其实，一个温馨大方的态度，最是能够叫你的儿女欣赏的。孩子们需要父亲也需要母亲，是别人不能取代的。无论两者哪一位对孩子不好，他心中总是有一位梦想中的父亲或者母亲的形象。照顾他的那一位如果要破坏这个形象，就算是现实，孩子心里也会有反感的，不一定会增进你和孩子的关系。但

是在佳节的时候,如果真正要孩子们有个机会,跟分手了的父母亲团聚的话,那就应该放下过去一切的成见,大大方方地让孩子们有个温馨愉快的时光。父母分手以前的吵吵闹闹,孩子们岂不是已经受够了?现在难得机会团圆一下,应该让他们有个喜相逢,不好再明争暗斗,冷嘲热讽,破坏了团圆的气氛。如果双方或者一方不能够做得到温馨的话,那么就应该成熟理智地协调一下,让孩子们轮流跟父母亲团聚,不必竞争也不必计较,就让孩子们有双份的享受。

团而不圆

最可惜的是,一些真正可以团圆的家庭,大家是真的希望有个欢乐的团聚,结果却闹得不欢而散,甚至破坏了以后的大团圆!我观察到第一个大原因就是太忙了。忙起来的时候就忽略了团圆的重要目的;忙起来的时候脾气就急了,耐心也减少了;忙起来的时候外向而急性的人就比较容易起冲突,内向而慢性的人就比较容易被忽略,闷着气不出声了。大人觉得忙得不可开交,还要忍受全家的埋怨;小孩子觉得好混乱,不知如何是好;年青人觉得无聊,只见到大人在吵闹。所以我建议团聚的时候,各样事情都应该从简。

1. 地方要简单。简单并不是简陋,先是不要跑得太远。在北美开长途车是司空见惯的事,但是常常是开车开得精疲力尽,开车的人到了目的地,只想睡觉,什么东西都没有兴趣。目前繁多的安全检查也叫航空旅行在时间上很难控制。我在机场里常常见到一家大小,无精打采地等候着不知道什么时候才能够起飞的延误飞机。管他是出发还是回家，无论如何总是十分扫兴的。我现在最认同的是，选一个就近的度假村，住宿的条件还可以，附近有餐馆，场地有一点山水的活动，却不是太复杂，免得找不见人。

2. 吃饭要简单。多少家庭在团聚的时候，因为吃饭闹翻了。经济上若可以的话，最好不要自己煮。一个家族，全家最能一致认同的口味，可能只有老祖母或者妈妈。结果总是可怜的妈妈从凌晨忙到半夜，终于累垮了身体。大家轮流煮饭也不是个好主意，其结果总是意见纷纷，莫衷一是，批评众多。住的地方如果附近有家庭式的餐馆，到时各随其便地叫各自喜欢的饭食，不一定要全家吃同样的食物，只要大家在一起高兴就好了。反正现在土生土长的华人，勉强他们吃传统的华人食物，花了钱也不一定会欣赏。

3. 活动要简单。团聚并不是观光旅游，目的是大家有一些有效沟通的时间，享受的对象是家里的人。忙着追各种活动和参观景点，肯定又是搞得大家精疲力尽，一回到住宿的地方已经累得要死了，哪里还有精神气力来沟通？近年来在华人当中，有个热门的旅游活动，那就是游船河。这种大型的游船，百物俱全，一日三餐和夜宵茶点，全部包括在内。早春和秋天的季节，更有减价至500美元7天，可说是相当实惠的。不过，这种游船多数招待得很周到，全程有不少的活动和表演，本来应该是最理想的团聚，结果却可能是各自忙着追秀，忽略了与家人的团聚，好像全程所有的秀，没有完全追到，就是吃了个大亏，没有赚回票价！

完美的团圆

你可能会说,没有什么活动,可不闷死了大家! 自然,大伙儿去观赏一些老少咸宜的秀,也无可厚非,只要不致成为舍本逐末地非看完每一个秀就不肯罢休。这种在现代社会不常有的团聚机会,我们更是应该爱惜,追求那更美的团圆。圣经诗篇说,"看哪,弟兄和睦同居,是何等的善,何等的美! 这好比那贵重的油浇在亚伦的头上,流到胡须,又流到他的衣襟;又好比黑门的甘露,降在锡安山。因为在那里有耶和华所命定的福,就是永远的生命"(诗篇 133:1～3)。

一个完美的团圆,第一应该是和睦的。"和睦"原文的意思是"同心",愿意大方地放下自己的成见,敞开心怀地沟通,分享一下过去那一段时间里,每个人从神所领受的恩典,分享一下个人目前所面对的挑战,所遇到的挫折、伤心和任何需要代祷的事项。一个真正有爱的大家庭,肯定会关心大家庭里面每一份子目前的光景。或是悲或是喜,或是成功或是失败;无论大小,总之应该团聚之后,家族里面彼此的认识度,应该提高不少。以后的彼此代祷,也会比较有焦点有内容。

这关系又需要满了神的膏油,那就是神的恩典,也是圣灵的浇灌。当神的恩典和圣灵的浇灌从上面临到的时候,整个家族都要蒙福,全家族的沟通也会蒙福。这恩膏先是我们话语的沟通(胡须),也表现在我们的举动里(衣襟)。我们可以全家在神的恩典里拥抱,凡事包容。换句话说,家庭团聚的时候,应该有一些大家一同敬拜神的时间,读神的话语,就是圣经。也要有一些分享的时间,让每一个家庭单位,甚至每一个人,无论大小,都有一点表达心声的机会。是诗歌,是见证,是灵修心得,是感恩或赞美,让我们从自我升到神属天的境界。这里还有"黑门的甘露,降在锡安山"。在圣地,黑门山是最高的山峰,从地中海进来带着水分的空气,遇到黑门山往上升,水气凝结成为甘露降在锡安山。这是一幅很美的图画,弟兄姊妹们虽然可以远隔重洋,但是当我们的祷告上达到神的宝座前时,从上头来的及时安慰和力量就沛然下降了!

我最近在大陆遇到了一点困难,心里虽然没有惧怕,但是却有一点不甘心。这是我的软弱,但是神却藉着我的大女儿带给了我安慰。当时她在美国的波士顿,我的时间是晚上 6 时,她的时间是早上 6 时,正是晨祷的时候。她本来要为她的儿子祷告,但是出口再三却变成了"爸爸"!她的感动不是为我的安全祷告,乃是为我心里的平安祷告。很神奇地,我的心就平静下来了。在团聚的时候,操练彼此代祷是个极美的事。

天下无不散之筵席,地上的团聚迟早成为回忆。唯有属神的家庭有"耶和华所命定的福",就是永远的生命。我们的生命既然是永远的,我们的关系自然也是永远的。信主的家人过世并不是永别,乃是暂时分离,比我们先到主那里的,是好得无比的地方。有一天我们还要与他们见面,就是那有福的盼望,天上的大团圆!

万圣节的吸引力

　　一年一度的万圣节又将来临了,在华人当中这个节期也叫作"鬼节",是在 10 月 31 日。这可以说是北美一个相当热闹的节期,特别对小孩子有很大的吸引力,其中也带着一点秋天的意味。一般来说,一进入 10 月,商店里有关万圣节的货物就源源上市,所有鬼鬼怪怪的布置也出现了,包括南瓜鬼脸、女巫和她的扫把、骷髅、蝙蝠、乌鸦、猫头鹰、豺狼和其他的夜间怪物、僵尸和木乃伊、狼人和吸血鬼等,近来也加上了各种恐怖的外星怪物。

　　这个节期对孩子们的吸引力,在乎孩子们的好奇心,一方面是害怕,另一方面又想好好地吓一吓,寻求一点刺激。所以在影视界也大量地推出各种的恐怖片,有声有色,尽量要描写得淋漓尽致,血肉横飞,让观众们来个变态心理的尽情发泄。游乐场的恐怖大厦更是人山人海,排队轮流去"活见鬼"。连有些个人的、小型的恐怖大厦也在这时候出来应节。心脏衰弱的人,吓得魂飞魄散,几乎连命也赔上了,每年都有报导有人吓死在这种恐怖大厦里。真是何苦!

　　但是万圣节对孩子们的吸引还有另外一方面,这是一个恶作剧开派对好玩的日子,小孩子们化装成各种鬼鬼怪

怪的样子,戴着一个南瓜鬼脸的桶子,挨家挨户向各家的主人要糖果,口中喊着:"Trick or Treat!"意思是说:你要恶作剧还是给我糖! 一般人都把这习惯当作一种风俗,当作小孩子的好玩意儿,认为无伤大雅。不过每年这个时候,也会有不少变态心理的人,趁机向小孩子下毒手,小之于在糖果里面放进了毒药、刀片、针等等危险物品,大之把孩子们绑架去虐待残害,性侵害,甚至折磨杀害。这个季节,父母亲们岂可不特别留心你的孩子们的动向!

万圣节对大孩子和大人也有相当的吸引力,主要是各种的派对,尽情狂欢。在北美一年几度的大节期里,派对里的狂欢之疯狂度,可能以万圣节为最,毒品的泛滥自然不在话下,性放纵更是如此,暴力事件也常有所闻。但是最可怕的,可能是一些邪教趁此季节,也搞他们的派对与拜祭。在田野里见到有动物或者是家畜被残忍地支解了,这很可能就是某些极端教派所留下来的痕迹。更恐怖的还是每年这个时候所报导的孩子们或者女人失踪的消息。警方与媒体的结论是,这些人不少是被当作人祭献上了。这种教派最闻名的自然是撒但教。在这个季节无论是大人还是小孩子,都应该避免参加不可靠的派对,以及在天黑之后独自来往行走。

万圣节的起源

万圣节本来叫做"死人之夜"(Night of the Dead),有类似我们华人的"七七"鬼节,相信死去的人之阴魂在那一天会纷纷回来。这原是英国的拜鬼宗教德鲁伊特（Druids）的一个重要节日，原属欧洲盛行的凯尔特（Celtic）多神教的系统，他们最有名的古迹就是英国的奥秘巨石（Stonehenge），一般考古学家认为是观天象和天文学之用。在死人之夜，这教派的祭司结党成群，穿着盖着头的大袍子，拿着鬼脸灯笼，往家家户户索要良家妇女，拉到他们敬拜的地方，关在笼子里活活烧死，献给他们的鬼神做人祭。不交人出来，就狠狠地给你一个咒诅，叫你全家鸡犬不宁。

　　罗马帝国的君士坦丁大帝信了耶稣之后，以天主教为国教，罗马的教会为了迎合民心，保留了死人之夜这节日，改名为万圣节，用以记念已去世的圣徒，也开始了没有圣经根据的为去世的圣徒祷告。虽然可以说是用心良好，但是一些拜鬼的习惯却是不但继续存在，而且在近代更是变本加厉。所以上述的恐怖问题，在这个季节如春草丛生，已经不再是小孩子们无害的玩意儿了！

圣经看撒但与邪灵

　　约翰一书 4 章 1 节说，"亲爱的弟兄啊，一切的灵，你们不可都信，总要试验那些灵是出于神的不是。因为世上有许多假先知已经出来了。"彼得前书 5 章 8 节又说，"务要谨守、警醒，因为你们的仇敌魔鬼，如同吼叫的狮子，遍地游行，寻找可吞吃的人。"世上的人被欺骗是一点都不奇怪的，他们一般不把这些事情当作一回事。圣经又说，"我们知道我们是属神的，全世界都卧在那恶者手下"（约翰一书 5：

19)。所以，就是在美、加这两个所谓以基督教立国的国家，近年来都是不要真神要邪神。公立学校里不可以有研究圣经的小组，也不可以奉耶稣的名祷告，更不可以庆祝耶稣的降生和复活；但是却可以交鬼，搞巫术和举办各种东方宗教的讲座。所以，目前撒但教和各种邪教之猖狂，每年万圣节的惨案之繁多，也是罪有应得，可以预料的。

问题是基督徒应不应该参与这种活动？有些基督徒认为自己心胸宽广，入乡随俗，别人做我也做，又认为不需要太害怕撒但。我们同意，基督徒是不必害怕撒但的，先是主耶稣已经胜过它了。主耶稣说，"以后我不再和你们多说话，因为这世界的王将到，他在我里面是毫无所有"（约翰福音14：30）。所以在耶稣的名下，撒但和它的差役是完全要屈服的。腓立比书2章9～11节说，"所以神将祂升为至高，又赐给祂那超乎万名之上的名，叫一切在天上的、地上的和地底下的，因耶稣的名无不屈膝，无不口称耶稣基督为主，使荣耀归与父神。"我们隐藏在耶稣里面，不但没有谁能够伤害我们，更能够勇敢地奉主耶稣的名赶走邪灵。一位事奉神的人，多多少少都会有这种经历的。

既然有神的灵在我们心里，胜利自然是我们的了。所以圣经又说，"小子们哪，你们是属神的，并且胜了他们，因为那在你们里面的，比那在世界上的更大"（约翰一书4：4）。我们要了解，这胜利不但是属于主耶稣，也是属于我们的。我们如果对撒但太过害怕，它必定会更加猖狂地恐吓我们，有些时候甚至叫我们被欺骗，以为主耶稣救不了我

292

们。请注意,这里的"胜了"是过去完成式的,表示这个胜利是已经完成了,并且继续是个事实。主耶稣在十字架上已经胜过了撒但。关键是,我们是否属于神?

基督徒与邪灵

但是有些基督徒会否认邪灵的存在,也不把撒但当作一回事。这是一个危险的心理,因为撒但可以趁其不备,欺骗迷惑这种人,给魔鬼留下地步还不知道。有些基督徒有另外一方面的大意,以为既然我们是胜过了撒但,我们就可以贸然地与撒但挑战,或者甚至跟撒但玩把戏。这种危险的行径甚至可以引至杀身之祸,是十分不明智的。美国就曾经有个 17 岁的年轻基督徒,听说某个地方有撒但教的人在聚会,竟然鲁莽地前往闯阵,结果被那些撒但教的人当作人祭献上了! 圣经告诉我们,"我们知道凡从神生的,必不犯罪,从神生的,必保守自己,那恶者也就无法害他"(约翰一书 5:18)。我们要不受撒但的侵害,自己肯定是有责任的,那就是要保守自己。故意容许自己进入危险的地方,或者是那种不入虎穴焉得虎子的心态,是自我欺骗,终必叫自己陷入撒但的网罗。

关于那些把这种交鬼的活动当作平常无害的好玩,圣经有明确的警告,"他们雕刻的神像,你们要用火焚烧,其上的金银你不可贪图,也不可收取,免得你因此陷入网罗。这原是耶和华你神所憎恶的。可憎的物,你不可带进家去,不然,你就成了当毁灭的,与那物一样。你要十分厌恶,十分

憎嫌,因为这是当毁灭的物"(申命记 7:25～26)。又说,"以别神代替耶和华的,他们的愁苦必加增。他们所浇奠的血我不献上,我嘴唇也不提别神的名号"(诗篇 16:4)。这种愁苦实在是自讨的,真是何苦!我们应该有的态度是抵挡,"故此,你们要顺服神。务要抵挡魔鬼,魔鬼就必离开你们逃跑了"(雅各书 4:7)。

基督徒在万圣节

哥林多后书 6 章 14～15 节说,"义和不义有什么相交呢?光明和黑暗有什么相通呢?基督和彼列(彼列就是撒但的别名)有什么相和呢?"身为父母的人,第一应该自己会分辨善恶,了解圣经的原则,并且耐心地解释给孩子们明白,交鬼和参与跟鬼有关的活动之危险性。我们从小就应该教导孩子们可以独立思想,不一定要跟着群众走,大多数人做的事不一定是对的。对于这种不符合圣经原则的活动,孩子们自然知道要与众不同地避开。其实,这个季节更是与孩子们谈论暴露撒但丑恶真面目的机会。在教会里,更可以举办一些向儿童布道的讲座,也鼓励孩子们向小朋友们传福音。我自己的小女儿就是在 8 岁的时候,带领了一个同学信主。如今我 5 岁的大孙女刚刚有了一本自己的圣经,也开始跟她那些没有信主的小朋友,一同读圣经。

至于别人的孩子们,我们不能禁止他们那天晚上出来游荡,也不必跟这些小孩子们有敌对或者讨厌的态度,相反的,我们应该教导我们的孩子们,为这些无知的孩子祷告。

虽然他们不认识神，我们也求神保护他们。今天在社会里，在公立学校里，明目张胆的交鬼活动和巫术，是已经到了司空见惯的光景了。我们自己的孩子们小的时候，我们更要鼓励他们利用这个晚上作传福音的机会。除了糖果之外，我们还预备了孩子们的福音单张，跟糖果一同送给这些邻居的孩子们。

第 34 章

圣诞节快乐吗?

"圣诞快乐!"

"那天使对他们说,不要惧怕,我报给你们大喜的信息,是关乎万民的。因今天在大卫的城里,为你们生了救主,就是主基督。你们要看见一个婴孩,包着布,卧在马槽里,那就是记号了。忽然有一大队天兵同那天使赞美神说,在至高之处荣耀归与神,在地上平安归与祂所喜悦的人"(路加福音 2:10~14)。

在北美,一过了感恩节,百货公司立刻张灯结彩地迎接圣诞节的来临。在亚洲有一些地方,几乎是一过了 10 月底,圣诞节的布置就到处出现了,就是无神论的国家也是如此。对他们来说,圣诞节可能是他们一年中做生意最重要的一段时间,这也是不少人狂欢的一个好借口。所以圣诞节前夕,就是平安夜,常常也是一年最多醉鬼开车闯祸的一个晚上,死了的也不少。正是乐极生悲,何快乐之有?特别加上衰景残年,多少人面对着岁末的压力,更有不少人面对不了现实而自寻短见。

近年来全世界经济不断面对着一波又一波的打击,先是接二连三的气象灾害,再是连连不断的地震,又是到处民攻打民,国攻打国,恐怖分子的活动有增无减。虽然禽流感

没有真正大幅地来临,但是毒奶粉和食品安全问题又叫大家人心惶惶,对食品生产业也是一个莫大的打击。不久前发生的金融海啸,不仅叫多少大财团破产,还有不少小市民,包括退休的老人家,也被连累得好惨!这一切的问题是在全球不同的国家发生的,也很难指责哪一个。人们很容易会埋怨上天,你可能会问,"圣诞节如何会快乐?"面对着这一切,我们可以给孩子们什么快乐的信息呢?

没有惧怕

但是第一个圣诞节的信息,却肯定是大喜的。我们需要带领孩子们回到那个起初的真正的喜乐。从天使当日所传的信息,让我们在这个动荡不安的世界里,重新找回这个真喜乐。这原有的真喜乐是没有惧怕的。惧怕是一个基本上与喜乐相反的状态。我行医的时候,有时母亲带了孩子来例行体检,孩子心里有数,知道会打针。我想逗他笑,安慰他一下,但那个笑却是十分牵强,这叫作苦笑。怕得要死,咋笑得出来?

孩子们的安全感,最基本的是从他的父母亲来的。不被父母亲爱的孩子,肯定是最没有喜乐,也最没有安全感的。最近有一位爸爸告诉我,在他 9 岁的时候,如何被他爸爸有一次痛打,留下 55 个伤痕。这叫我不但十分震惊,觉得不可思议,也叫我真的想紧紧地抱他一抱。还好,他会发奋,长大了自己有孩子的时候,要好好地爱他们。我十分替他高兴的是,他现在对自己的 2 个儿子,实在是温柔得不得了，照顾得无微不至。

可惜有些时候父母亲自己也自顾不暇，怕得要死，也保护不了孩子，如何给孩子们安全感，在危难中可以喜乐呢？这喜乐需要从天上而来，正如天使所传的佳音。我们小的时候是第二次世界大战当中，时常要逃难，有些时候还有洪水，住的房子又常常有闹鬼的历史。我父母亲是大学时期在宋尚节博士的布道会里信主的，所以我们每晚都有家庭灵修。房子闹鬼吗？一进房子就挂起一个十字架，危难当中妈妈一定跟我们一同祷告。所以我们高兴得不得了，可以大伙儿偎在妈妈的怀里。如今回想起来，还觉得蛮好玩，够惊险刺激的呢！

救主基督

圣诞节要快乐，必须回到圣诞节本来的原因，那就是主耶稣基督。今天世上的人把主耶稣基督从圣诞节里面拿掉，所以真正的喜乐也不见了。我们在家里需要不断地提醒孩子们主耶稣基督的中心性，圣诞节应该是一个传福音的好机会，所有与主耶稣基督无关的事物都应该避免。今天在圣诞节，甚至在教会里，圣诞老人的地位常常远超过主耶稣基督的地位，这是一个十分不正常的情形。所以我们的孩子们小的时候，圣诞节的庆祝，无论是在教会还是在家里，我们都宁可不要有圣诞老人。别的孩子们跟购物中心的圣诞老人拍照拍得不亦乐乎，我们的孩子们都不要。

如今已是末世了，圣诞节其实是提醒我们更加要警醒，

知道主再来的日子近了。正如主耶稣早已经警告了我们的，跨世纪之后这些大事故，都应验了主耶稣预先告诉我们要发生的事情。我们如果一边看着时事，一边指出圣经里的话语给孩子们看，他们必定会懂得，就如主耶稣所告诉我们的，"一有这些事，你们就当挺身昂首，因为你们得赎的日子近了"（路加福音 21:28）。

在这个末世危险的日子，这个面对灭亡的世界需要主耶稣的救赎。一年一度的圣诞节，本是提醒我们真神曾经降世成为人来救赎我们。但是过去这几年来，国际上的传媒总是尽力地攻击主耶稣的神性和历史性，诸如《达芬奇密码》，"耶稣研讨会"，等等，都是重提一些过去曾经证明是捏造的文件，想要否定主耶稣的神性。正是，"何况人践踏神的儿子，将那使祂成圣之约的血当作平常，又亵慢施恩的圣灵。你们想，他要受的刑罚该怎样加重呢？"（希伯来书 10:29）。我们需要尽量在圣诞佳节之际，提醒孩子们我们的主耶稣之独一性。

荣耀归神，平安归人

圣诞节是提醒我们应当将荣耀归神，这样我们才会喜乐。因为在神的荣耀里含着祂的能力，"神从提幔而来，圣者从巴兰山临到。祂的荣光遮蔽诸天，颂赞充满大地。祂的辉煌如同日光，从祂手里射出光线，在其中藏着祂的能力"（哈巴谷书 3:3～4）。所以我们如果亏欠了神的荣耀，我们就达不到应有的标准了，"因为世人都犯了罪，亏缺了神的荣耀"(罗马书 3:23)。人生一辈子达不到标准,郁郁不得志,哪里会活得高兴呢? 这种人活得越老越苦,在我现在的年纪,可见得不少呢! 孩子们从小教导他们靠主喜乐,真是一辈子享用不尽。

而且,当我们让神在我们的生命里掌权的时候,我们的人生自然就有控制了。一个行在神的旨意里的人,一定是有绝对的把握。我们可以勇往直前,毫无惧怕,因为神应许说,"我岂没有吩咐你吗? 你当刚强壮胆,不要惧怕,也不要惊惶,因为你无论往哪里去,耶和华你的神必与你同在"(约书亚记 1:9)。这种平安不同于世界所给的平安,是不能失落的平安,出人意外的平安,是胜过世界的平安。有了这种平安,自然是人生常乐了!

给孩子圣诞礼物

神既不爱惜自己的儿子,为我们众人舍了,岂不也把万物和祂一同白白地赐给我们吗?

圣诞节是个送礼的季节。北美的人在圣诞节前,常常有这样一句打招呼的话:"Are you ready for Christmas?"意思是:"你预备好了圣诞节的事情没有?"真正的意思却是:"圣诞节要送的礼物,你都预备好了没有?"对北美的人,一年一度圣诞节的送礼是一件十分重要的事情。我作医生时,年底的时候总有人送礼物给我。有些我曾经介绍病人给他们的专科医生,可能会送给我相当名贵的礼物。但是在美国,圣诞节最普通的礼物,可能就是圣诞水果蛋糕,美

国叫作 Fruitcake，英国叫作 Christmas Pudding。这蛋糕味道不错，我很喜欢吃。但是因为这蛋糕的成分不容易坏掉，所以也很容易被大家传来传去。有一点像我们华人中秋节的月饼和情人节的巧克力，结果都传到发霉啦。这种送礼叫作舍不得给，送的是剩余物资！

为什么送礼物？

孩子们因为社会的风气，会在这季节期望得到他们所要求的礼物，好像是理所当然的。购物商场里面小孩子排了长龙，可不是要跟圣诞老人说今年圣诞节，他想要得到什么礼物吗？说了之后，自然是老爸的责任了。得不到所要的，会觉得十分失望，有些孩子还会用哭闹来达到目的。圣诞节可以变得让父母亲们十分头痛。所以身为父母的，应该解释给孩子们明白，为什么圣诞节大家会送礼物。

圣诞节这一天

虽然 12 月 25 日这一天，在历史上来说，不一定是主耶稣降生的日子。我们也要承认，这一天的起源，始于古罗马之拜偶像的习惯，差不多类似我们亚洲人的冬至，是记念太阳神的死而复生，一年周而复始的日子。类似万圣节的设立，当罗马帝国宣称基督教为国教的时候，罗马的教会（华人通称为天主教），就把它改成主耶稣降生的日子。其实，根据路加福音的描写，主耶稣降生的时候，牧羊人正是跟着羊群在旷野露宿。按照他们的规矩，这应该是母羊生小羊的时候，比较合理的季节是春天。

不过与万圣节很不同的地方是，圣诞节一直都保持了一个神圣平安的气氛和传统，没有万圣节那种拜鬼的黑色后遗症现象。虽然在现代社会里，圣诞节也常常被极端地商业化了。即便如此，圣诞节的故事，却是变成众所周知的了。因此在现代的世界里，也很少有人说没有听过主耶稣基督的名字。特别地庆祝还是不庆祝，教会里面有不同的看法。但是既然在没有信耶稣的人当中，这是一个他们知道的日子，那么教会趁着这个机会，传福音告诉世人耶稣降生的好消息，也是理所当然的。正如圣经里最是众所周知的名句所言，"神爱世人，甚至将祂的独生子赐给他们，叫一切信祂的，不至灭亡，反得永生"（约翰福音3：16）。这是圣诞节最大的礼物！

接受圣诞节的礼物

送给孩子们圣诞礼物的时候，第一件事是帮助他们了解，接受耶稣基督这个最大的礼物，才是圣诞节真正的意义，这也是天使对牧羊人所传的大好信息。我们的孩子们从小就已经学习了如何接受主耶稣基督进入他们的心中，多数是在 3 岁至 4 岁之间。但是这么幼小的心灵，我们如何可以弄清楚他们是否真正有了神的生命？在他们成长的过程里，不断地再三肯定是不可少的，圣诞节就是一个十分恰当的机会。我们很少在大除夕跟他们守夜，但是我们在圣诞夜，却经常跟他们有个圣诞夜的家庭聚会。就在那个

聚会里,我们帮助他们再一次温习接受主耶稣进入他们的心中,也再次地肯定他们和主的关系。这样,他们每一年对神的认识和经历也成熟了一点。

这个大前提肯定了之后,孩子们就学习到如何在生活上经历神的恩典。神给我们的礼物,一点都没有不舍得。祂把祂的独生圣子都舍了给我们,还有什么好处祂不给我们呢?在人生的旅程里,可以肯定"我的神必照祂荣耀的丰富,在基督耶稣里使你们一切所需用的都充足"(腓立比书 4:19)。

我的孙女清清 4 岁的时候自己邀请了主耶稣进入她的心。在 2007 年南加州发生森林大火的时候,她刚刚满了 5 岁。当时,大火已经烧到他们的附近,正是满天烽火,处处烟灰,随时要被强迫紧急疏散。他们祷告的时候,清清求神转移当时的大东风,好叫火焰不至烧到他们的房子。感谢神! 当晚附近一带的风平静下来,树叶一动都不动,那一带的房子也都没有事情了。我去探望他们的时候,她还讲得有声有色。

是的,神岂不也把万物和祂一同白白地赐给我们吗?小小的生命,已经清楚地经历了神的信实。原因是,她已经有了神的儿子耶稣基督,创造主给我们最大的礼物,所以她一生都可以一无所缺。我们作父母亲的,可以给他们的礼物,也相对成为微不足道的了!

分享圣诞节的礼物

圣诞节更是一个教导孩子们分享的机会。在北美这个比较富裕的地方，孩子们一是比较不知道感恩，以为所享用的一切，都是应该的；二是不会或者是不肯分享。总而言之，就是自我为中心。

圣诞节时应学习与别人的分享，首先是家庭里的团聚，我们可以分享。就如感恩节一样，圣诞节的时候我们也常常有几十位留学生或者是新移民，在我们的家庭与我们共度佳节。孩子们与这些大哥哥大姐姐们都交流得十分愉快。这对他们生命的成长，是一个很丰富的经历。其次是礼物的分享。多少贫穷的孩子们得不到玩具，我们却有丰富的供应，起码应该把多余的玩具送给帮助这种孩子们的机构。第三是食物的分享。圣诞节的时候，都有不少的慈善机构在收集食品送给贫穷的家庭。带动孩子们参与这种分享，更是教导了他们关怀的重要性。

我们全家见证到的一次圣诞礼物之分享，就在我放下我的医务工作的那一年——1990年的12月21日，那正是我最后一天在诊所行医，恰逢西雅图大雪，开车都十分困难。因为大儿子要去大学面试他的博士，小女儿也要去大学完成她的实验，妻子需要来诊所帮助我，结果我们全家出动了。当天一共看了12位病人，其中有6位跟我祷告接受了主，还加上房东的儿子！

接受主的病人中有一位告诉我，他虽然还不是一位基督徒，但是他对信耶稣也有见证。原来他从香港要移民到美国之前，有一段时间心里好不平安。有朋友劝他去听布道，果真听了之后，心里平安多啦！可惜过了一段时间，平

安又不见了,需要再去听听。我劝他何不把平安的泉源,主
耶稣基督,请进他的心中,好叫这和平之君永远与他同在?

　　他欢然接受之后,兴奋地把我抱住,谢谢我送给他最好
的圣诞礼物。我回答他说,"主耶稣基督原本就是真正的圣
诞礼物!"我的全家都见证了这美好的一刻。

第 **35** 章

人可以扮 演 创造者吗？

遗传基因工程

最近有人问我关于遗传基因的问题,特别是这种研究是否推翻了圣经的说法?基督徒应不应该从事遗传基因的研究?通常聪明的孩子是最会问这种问题的,为人父母的,不可以没有准备。

遗传基因工程基本上是为处理遗传病而产生的,到目前为止,比较有成果的要算是药物方面的突破,治疗糖尿病的胰岛素就是一例,以前是把从牛、猪等动物的胰腺提取的胰岛素注射入人体,病人用得多了,身体便产生抗体,以致剂量越用越高,最终无效。自从有遗传基因工程以后,便在大肠杆菌中植入人类基因,令它产生胰岛素,这些制造出来的胰岛素,基本上和人类的胰岛素是一样的。这种产物对大肠杆菌本身来说是没有用的,但对人类却有着重大的贡献。现今所有医治糖尿病的胰岛素,几乎全都是靠着遗传基因工程制造出来的。

基因工程与生存力

从事人类基因工程,到底目的为何呢?自古以来,人类总想望着"超人"出现,美其名曰"优生学",或称"选种"。有些人认为动植物可以选种,人当然也不例外。人类常存一个误解,认为动植物选种所配出来的生物是较优质的,但却没有考虑到"较优质"是从动植物的生存力着眼还是从消费者的观点来说的。一般藉遗传基因工程弄出来的动植物,都有利于消费者,对生物本身的生存力不但一点好处也没有,反至引致本身的质素下降。举一个简单的例子,人们喜欢的玉米是多汁、有糖分、肉质又脆又软的,但这种玉米在旱灾时会率先死亡。而野生的玉米,外皮又硬又厚,不方便食用,但这种玉米在旱灾时却能发芽,甚至长出几粒玉米。这些又硬又干的玉米粒,在干硬的泥土内仍能生存,当泥土吸收雨水后,玉米便会继续生长,为留种而存活。由基因工程及选种造成的生物,基本上其生存力是不及野生的。神创造万物,每种生物原都拥有健全的遗传基因库,但人类为了突显生物某方面的特色,而让部分的遗传基因流失,影响了生物整体的生存力。

复制人的问题

现在人类从事遗传基因工程,结果弄出了一些奇怪的动物来,导致出现诸多问题,这种作法就像挖肉补皮一般。从科学的观点来说,人和生物的遗传基因是有个程式(Program)的,这个程式能决定生物的种类。我们都知道无论是动物、植物,甚或人类的遗传基因工程研究,都只是把基本的东西拿来重新整理,想弄得更好,基本上没有改变任何的遗传基因。就如第一只由羊复制的羊,然后有猫、老

鼠和牛。我们绝不可能用一只老鼠复制出一只猫！因为遗传基因的复杂性是没有办法跨越的，所以圣经中创世记第1章提及所有生物，包括动物、植物，都是"各从其类"。"类"这个字的希伯来文是"manah"，就是有范围的意思。这范围是不能逾越的。现在科技越发达，就越证明了这一点。

曾有人做过一个实验，发现人类的胚胎在未曾成形的时候，像一幅地图，呈一个扁平面。这些细胞在发育时已限定了会变成哪一个器官，比如哪一组是眼、手、鼻、耳朵等等。现在有些人用人工流产后的胎儿做实验（我们是否认同是另外一回事），将人类胚胎耳朵的细胞抽出来，然后种在老鼠胚胎的臀部。这些细胞竟然可以取得老鼠胚胎的供应，在老鼠的臀部生出一只人类的耳朵来，却不是老鼠耳朵，可见连这些局部的细胞都是被限定的。

其实，分子生物学家或一般研究生物科学的人都知道，这个程序是很精细的，不可以稍有偏差。当人类要扮演创造者，自己在锐意经营之余，基本上也如我刚才所说的挖肉补皮，为达到某些目的，却要付上高昂的代价。遗传基因工程中最高级层次要算是"复制"了，像复制羊多莉（Dolly），在它成功出现的背后，却是牺牲了200多只羊，有些人认为动物的牺牲不算什么。试想，如果要复制人的话，从遗传基因来看，这些平面的胚胎也是一个人，在复制过程中便要牺牲200多人，细想起来，这种观念真是令人不寒而栗。不过现代有些人还存有过时的进化论观念，所谓"胚胎重演进化论"。自从那位德国科学家自己捏造图片的事实被证实后，现在大多数进化论学者已不再相信这一概念了，但可惜仍有人相信这种看法。但是对有些人来说，无论支持哪一个理论，反正婴儿不会说话，在母腹内就由他死亡吧！所以在研究复制过程中，弄出很多不能存活的胎儿或畸形儿，一点也不要紧，反正也是不能存活过来的，却没想过这些不健全的生命正是他们弄出来的。

其次，复制羊多莉是很短命的，为什么呢？原来在人的细胞内有一部分的遗传基因叫做"尾巴基因"（Telemere，这跟有没有尾巴并没有什么关系），这个遗传基因资讯在每次繁殖的时候会逐次递减。换句话说，当婴儿出生时这资讯是完整的，每一次细胞分裂繁殖时便缩短一些。这意思是，无论你是什么人，怎样维持健康，你的岁数早已写在你的遗传基因内。比如说，一个人有 60 岁，如果把他的细胞拿去做复制，这个婴儿一生就只有 60 岁，不可超越，所以复制羊多莉是短命的。然而两性繁殖（meiosis），由精子和卵子（它们的遗传基因，爸爸妈妈各占一半）配合出来的婴儿之遗传基因资讯是完整的，这是创造者本来的设计。单靠人有限的头脑及学识，人岂能扮演创造者呢？

研究人员所弄出的复制生物，包括人，一是很短命，二是不三不四。到底复制人的目的何在？是为了传宗接代？若为一位 60 岁的人复制，就只能制造另一个 60 岁的人，那如何能达成传宗接代的理想呢？复制人最现实的目的是把他的器官移植给捐出细胞的人，这就如我生一个孩子，到他

心脏成熟时，就取出来移植在我的身体内！不管是什么人，这种道德观念真是匪夷所思。

当人试图去扮演创造者时，结果造出来的东西就不像样，更加危险的是可以决定他的存亡。你可能听过在大饥荒期间有人把自己的婴孩杀掉当作食物，你会觉得这是很野蛮的行为。现代遗传基因工程的巅峰是要复制人，目的是为着器官移植，这跟那些吃自己婴孩的人有何分别呢？所以我们要不断慎思，人怎么会有这个本事去扮演那位创造者呢？创造的复制人在不像样之余，更有可能导致其他不堪设想的后果。

第 36 章

文化冲击，怎么办？

何谓"先进"

"先进的子女的教养是否仍跟随着圣经真理来教导？还是应该随着美国现今文化社会作适当、灵活的指导？"这是有人曾经问过我的问题，自然也是很多在西方社会的华人父母的困扰之处。华人家庭在西方社会生下来的孩子，婴儿时期可能还是多数讲华语，但是在媒体的熏陶之下，耳濡目染地早已是满口英语了。事实上，电视上的教育节目教他们的英语，确实都比父母亲的好。所以我劝一般从亚洲来的父母，如果要小孩子学英语，就让他们从电视上学吧，别搞坏了他们的发音。及至上学之后，跟小同学们在一起，不但渐渐不讲华语，更是也开始仿效本地孩子的习惯了。到了青少年，差距更加厉害，沟通也成了大问题。多少父母亲苦心来到国外，无非是希望孩子们将来有个比自己更好的前途，谁知道先遇到了多少的伤心事！

问这个问题的人有一些基本的观念。第一，他说"先进"和"仍跟随着"，意思是圣经真理的教导不先进了，换句话说，是过时落后了。这里有一个很重要的矛盾。既然是真理，那么怎么会不先进呢？万有引力是个物质的律，在什么时代都是先进的。难道过去需要跟随，现在就不需要吗？

过去不能飞上天,现在可以,并非这个律已经不先进了,乃是我们现在知道如何顺着这个律去行。

第二,他说"随着"和"灵活",意思是说圣经真理的教导不灵活,需要随着现今文化社会来适应。问题是真理可以妥协吗?无论哪个地方,或是哪个时代的文化,难道一定是对的吗?这个世界的理想,也是鼓励我们要鹤立鸡群,中流砥柱,敢于与众不同。基督徒有什么特长叫我们可以达到这个理想呢?

文化好不好?

其实,各地的文化都有各自的特点,很难说哪个文化比另外一个文化好。好坏嘛,好多时候不过是看结果,可能最简单而明显的是经济上的条件。不过经济上的条件,有不少是看所住的地方的天然条件,身体的条件又是另外一个因素。比如说中国人比较多一些对奶糖和奶蛋白不消化的现象,所以我记得从小的时候,喝牛奶总是要煮过的,不然就是喝酸奶。北方人吃面食,南方人吃大米。这又是跟气候和出产有关,没有什么好不好。衣服是另外一样,旧时代的人认为女人穿裤子是比较低等,解放后有地位的女人穿裤子却好像是理所当然的。而在苏格兰,男人穿裙子还是大礼服呢!这种文化的差距并不重要,我们应该可以入乡随俗,不必故作标新立异。在语言方面,我们更应该学习当地的语言,才能够沟通。同时也保留一些我们的本色文化,那也是表示我们文化背景丰富的色彩。保持本来语言常常

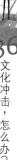

是一个优点，就如今天有多少北美的土生华人，他们会讲流利的华语，就更有机会被派到亚洲工作，成为一个专家，我就认识不少这样的朋友。

不但如此，多少华人来到西方国家，已经入了本地的国籍，还是仍然以中国人自居，称本地人为"外国人"。这真是莫名其妙！自然我们一方面不要忘本，但是既然跟人家宣誓效忠，唱了国歌，入了国籍，就该老老实实地对这个国家效忠，求这个国家的好处。就是对那些被掳的以色列人，圣经也有这样的吩咐，"我所使你们被掳到的那城，你们要为那城求平安，为那城祷告耶和华，因为那城得平安，你们也随着得平安"（耶利米书 29：7）。这种不满当地政府的态度，对那些在美国土生土长的孩子来说，会产生很大的反感。这种封闭的态度，可以说真是不先进、不开明的了。

以不变应万变

但是有些文化的习惯却是不好的，因为违反了真理的原则。什么是好或是不好？北美中学的统计显示，中学男生毕业的时候，90％已经有了性行为，女生也有 70％，所以学校公然向学生派发避孕套，大学生未婚同居被看为家常便饭。小孩子们整天沉迷在电子游戏机里面，大人为了叫孩子不要吵，顺手就塞个游戏机给他，却不知道开了一个坏习惯。娃娃一生下来就送回国给上一辈照看，也是时下常见的现象，结果是后果自负，悔不当初。

原来圣经里面的善恶是从创造主神的眼光来看的。

"所罗门行耶和华眼中看为恶的事，不效法他父亲大卫专心顺从耶和华"（列王纪上 11:6）。所罗门的成就是少有可比的，但是他却行了耶和华眼中看为恶的事，因为他没有专心顺从耶和华，犯了申命记 17 章 15～20 节中所记载的王不可行的三件事。以色列诸王所犯的罪，其中一样就是"随从耶和华在他们面前所赶出外邦人的风俗"（列王纪下 17:8）。所以保罗在以弗所书 2 章 1～3 节告诉我们，"你们死在过犯罪恶之中，祂叫你们活过来。那时你们在其中行事为人，随从今世的风俗，顺服空中掌权者的首领，就是现今在悖逆之子心中运行的邪灵。我们从前也都在他们中间，放纵肉体的私欲，随着肉体和心中所喜好的去行，本为可怒之子，和别人一样。"今天有多少父母亲痛心自己的孩子无所事事，游手好闲，一身的问题，简直是行尸走肉。这就是圣经所说的"死在过犯罪恶之中"。

所以，保罗在罗马书中又说，"不要效法这个世界，只要心意更新而变化，叫你们察验何为神的善良、纯全、可喜悦的旨意"（罗马书 12:2）。父母亲有可能教导孩子"无可指摘，诚实无伪，在这弯曲悖谬的世代，作神无瑕疵的儿女。你们显在这世代中，好像明光照耀，将生命的道表明出来"（腓立比书 2:15～16）。秘诀是他们需要"心意更新而变化"。这是个潜移默化的过程，需要从小建立一个与世俗不同的心志，把神的圣经文化先放进心里，从此就可以不变应万变，有分辨的能力，可以采纳各种文化的优点，拒绝他们的弱点。可以洁身自爱，出淤泥而不染，也可以充分地掌握

各种文化的优点和机会,正如上面的经文所说的,"显在这世代中,好像明光照耀,将生命的道表明出来。"正是可以告诉众人,这样活才是活得好。

这个过程需要从孩子一生下来就养成。先是小时候的家庭灵修,把孩子带进圣灵的保守里面。然后是经常性的家庭灵修,带领孩子接受主耶稣作他个人的救主,好叫他自己有个通天的直线,可以个人地经历神。再是教导孩子自己有个人的灵修,学习独立地倚靠神,并且继续跟孩子有不间断的家庭灵修,把圣经的话语丰丰富富地藏在心里,就可以"熟练仁义的道理……他们的心窍习练得通达,就能分辨好歹了"(希伯来书5:13~14)。如此,无论遇到什么危险或是挑战,他们都可以有"真实的道理,神的大能,仁义的兵器在左在右"(哥林多后书6:7)。

图书在版编目(CIP)数据

教养儿女的秘诀(父亲版)/何仲柯著;杨爱程编. —上海:上海三
联书店,2020.12 重印
ISBN 978 - 7 - 5426 - 3769 - 7

Ⅰ.①教… Ⅱ.①何…②杨… Ⅲ.①家庭教育 Ⅳ.①G78

中国版本图书馆 CIP 数据核字(2012)第 023844 号

教养儿女的秘诀(父亲版)

著　　者 / 何仲柯

编　　者 / 杨爱程

责任编辑 / 邱　红

装帧设计 / 孙豫苏

监　　制 / 姚　军

责任校对 / 张大伟

出版发行 / 上海三联书店

　　　　　(200030)中国上海市漕溪北路 331 号 A 座 6 楼

邮购电话 / 021 - 22895540

印　　刷 / 上海惠敦印务科技有限公司

版　　次 / 2012 年 5 月第 1 版

印　　次 / 2020 年 12 月第 7 次印刷

开　　本 / 890×1240　1/32

字　　数 / 200 千字

印　　张 / 10

书　　号 / ISBN 978 - 7 - 5426 - 3769 - 7/G·1188

定　　价 / 30.00 元

敬启读者,如发现本书有印装质量问题,请与印刷厂联系 021 - 63779028